パルプ・ノンフィクション

出版社つぶれるかもしれない日記

三島邦弘

河出書房新社

序　出版不狂説

あなたに夢中よ。これを英訳すれば、crazy for you となろうか。あるいは addicted to you か。いずれにせよ、狂おしいほどにあなたが好き。中毒になるくらいあなたにぞっこん、はまっている。夢中とは、我を忘れるほどその対象にのめりこむことにほかならない。

結局のところ、愛の根っこにあるのは、そういうものだろう。

常軌を逸しない、もしくは常識内に収まる程度の「好き」など、愛と名乗るにはもの足りない。ブレーキを踏みながらエンジンをふかすようなもので、愛の根っこに触れることはかなわない。

さて。

(ここで筆のスピードがどうしても落ちてしまう。さて、のあとをつづけることに幾分の躊躇《ちゅうちょ》が生じるのだ。それでも、これをつづけぬことには本稿は成り立たない。わが身を置く世界のことを書くためにこそ、筆をとったのであるから)

さて、わが出版業界はどうか（!·）。

Crazy for publishing, addicted to publishing. 自分は間違いなくこうだよ。と断言できる人間がどれほどいるだろう。

自分が出版のしごとに携わりだしたのは、一九九九年であるから、かれこれ二十年前になる。その頃から出版不況と言われだした。だが、この文章を書き出す直前、それはまやかしにすぎない、という強い疑念をもった。出版不況ではない。実態は、出版不狂。

Crazy for publishing の不在がこの業界から活力、エネルギーを奪っているのではないか。好きこそものの上手なれ。とはよく言われることだが、好きを伸ばし、生かす空気が欠如している気がしてならない。

思い出す。

僕がこの業界に身を入れた頃。そのとき勤めていた会社の人たちのみならず、知り合う業界関係者から、「このしごとが好きなんです」「本が好きですからね」、そうした声があまり聞こえてこないことに驚いたものだ。「売れる本をつくらないと」。こうつぶやく先輩たちの顔に輝きはなかった。代わって、先輩たちの疲弊した顔からは、大量の本を生産するマシーン、あるいは売上達成ロボットになり果てた悲哀を感じた。

新人ながらに思った。「社会人になるということは、僕のこの『好き』を押し殺すということとなのか」と。

原体験がある。一浪したときのことだ。

僕が通ったのはいわゆる大手予備校ではない。京都市内にぽつりと一軒だけあるKという予備校だった。その年、同じクラスになった連中には、京都の北部や北陸から特待生として来ている者もいた。そうした連中と知的好奇心の赴《おもむ》くまま過ごした。英語のT先生は最初の授業で「半年間は、受験に役立つことは一切話さないよ。英語とは何か。その話をします」と宣言した。この発言でいっきに襟首《えりくび》をつかまれた。英語という言語そのものに夢中になった。半分遊びといっていい日々が過ぎていった。その結果、かどうかはわからないが、模試では僕を含め仲間たち皆が全国の上位を占める事態となった。高校時代は、受験勉強が苦痛でしかたなかったのとはまるで対照的に。点数を稼ぐための受験勉強をせず、駆動した知的好奇心に身をまかせるうちに、成績まであがった。

楽しくやる、楽しく生きる。さすれば結果は自ずとついてくる。これが原体験となって刻印された。以来、詰め込みや競争といったステージに立つことをやめた。そのひとつの帰結が自分で出版社をつくることだった気がする。「売れる本をつくる」という表現のなかに、受験勉強に似た窮屈さを感じていたのかもしれない。

会社を始めて五、六年経った頃だろうか。「本が好きなんです」と言って訪ねてくれる若者と出会う機会がときおり訪れた。なかには、「自分で出版社をやろうと思います」という者がいたり、「入社させてください！」と懇願してくる者もいた。よしきた、待ってたよ。楽しく生きること、それを生きる柱に据えたわが同志たちの到来だ。

ところが。

「好きだけでは仕事はできないんですよ」という言葉が喉元《のどもと》までせりあがってくる己がいた。おいおい。新人時代の違和感はどうしたというのだ。「好き」を生かして働いていけばいいんじゃないのか。お前も所詮は、不狂ならぬ不況組か！　血の通わぬマシーン、ロボットとなり果てたか。

いや、ちがう、ちがうんだ、ちょっと待ってくれ。おれだって、俺だって、こう言ってやりたいのはやまやまだ。君みたいな子を待っていた。その好きをぞんぶんに生かしてがんばってほしい。そう言って男の子であればハグのひとつでも、女の子なら親指たててイエスサインを出してやりたいよ。だけど……。

だけど、なにさ。という批判をふりきるように、首を横に振るしかない。

小舟なのだった。

創業まもない頃から、小舟でいくことを宣言した。出版社としての規模を船に見立てたとき、大型船ではなく小舟でいく。ちいさな入江や支流に入ったり、大型船が着船できない桟橋《さんばし》にだって停泊できたり。自社のみならず、小まわりのきく小舟がいっぱい浮かんでいる。これが、次の出版界のひとつのあり方なのではないかと提言したこともある。

たしかに、小舟のほうが、「好き」の密度を高めやすい。和気あいあい、の度合いも増す。そうしてその空気を察知した若者の一部が、乗船を希望してくる。そうだよね、せっかくだし一緒に乗ってもらおう。こんなふうにして乗船をともにすることもあった。そのたび、舟はぐらりと揺れた。海面すれすれになるまで沈むこともあった。

もうこれ以上は乗せられないんだ。ごめんなさい。小舟ならではの家庭的な温かさだとか、パッケージツアーにありがちな予定調和とは無縁な冒険の日々とか。小舟だからこその何かに惹かれたにちがいない。だけど、みんなを乗せていったら小舟でいることはできなくなる。そうしたら、好きだったはずの空気そのものが消えてしまうことになる。小舟好きが集まった結果、小舟でいられなくなる。そんな矛盾が生じてしまう。だから。

ごめんなさい。

という言い訳とともに、若者たちの後ろ姿を見送ることもあった。ああ、なさけない。なんとかならないものか。自分たちだけが小舟を浮かべ、楽しい、楽しい、と言って満足。未知なる可能性をもった若者たちの乗船を断って。それでは、自分たちの代だけでこの産業は終わってしまいやしないか。自分だってかつては大船に乗せてもらえたからこそ今があるだろうに。

小舟でさえなければ……。

そう、恨み節のひとつでも吐きたくなる。だが、それは欺瞞《ぎまん》にすぎない。己がもっともわかっていることである。

実際は、きつくなっていたのだ。小舟かどうかだけが問題なのではなく、会社を継続することが以前よりむずかしいと感じるようになっていた。他者を乗船させる以前に、このまま小舟を浮かべつづけることができるのだろうか？　その疑念がぬぐえない。

「好き」を「不狂」にすることでしか成り立たないのか。

どうかして出版不狂から抜け出せないものなのか。

つまるところ、それが可能になりさえすれば、

*

男はここまで書いて筆を止めた。

このあと、男の頭にはどういう言葉がくるはずだったのか。「未来が拓《ひら》けるはずだ」「若い人たちと本の世界をもっともっと豊かにしていける」。そうした言葉がつづいたのか。あるいは、脱出版不況の画期的な突破口を思いつき、そのアイデアを深めるためにあえて中断したのか。

すべては男にしかわからない。もしかすると、男にもわからないかもしれない。

ところで男がこの「出版不狂説」を書いたのは、平成という元号最後の年の晩夏のことである。偶然出張で訪れていた長崎のとある喫茶店で男は書いた。なんでも、かの遠藤周作先生が通ったと言われる昭和の雰囲気漂う空間の奥の席において、である。

男がこのノートを開くのはちょうど二カ月ぶりのことであった。ずっと封印していた。といえば聞こえはいいが、開く余裕がなかったのが実情といえる。事実、男は忙しかった。二カ月前、このノートにメモ書きした一週間後にはパリにいた。いきなりパリかよ、と男に対して鼻白む向きもあろうが、初めてのパリ訪問がこのときだったにすぎない。

七月五日に自宅のある京都に戻ってきて、翌日には東京日帰り出張。直後、西日本を襲った集中豪雨、その後の猛暑、炎天下のあいまを縫って、東京、京都、沖縄、京都、周防大島、京都、大阪、そして長崎へと至った。

この日、ふいに一日空いたのだった。台風来る、の報を受け、二日間予定していた取材が前倒しに。飛行機の変更はかなわず、まる一日の空白ができた。その空白を埋めるために、噂には聞いていたこの喫茶店を訪れることにした。そしてノートを開いた。すると男は自分でも意外なほどにスラスラと筆が動いた。堰《せき》を切るという表現があるが、まさにそういう勢いで書いた。

しかし、ここに辿りつくまでの道のりはけっして容易ではなかった。というのも、男がこのノートにメモ書きを記し始めたのは最近のことではない。もう四年近く前にさかのぼる。

そう、それは男が出版社をたちあげ八年と数カ月の歳月を経た二〇一五年の新春まもない日のことだ。この日、京の街には朝から小雪が舞い、底冷えのはげしさは男の体を芯《しん》から冷やしていた。

目次

後編

パルプ・
ノンフィクション
出版社つぶれるかもしれない日記

前編

パルプ

1．洋紙の原料となる、木材などの繊維を細かくした素材。

2．「低俗で扇情的な出版物」という意味もあるが、

日本では、そういう意味で使われることはあまりない。

第一章

パルプ・ノンフィクションへの道

執筆期間：
2015年1月
〜2016年3月
編集：
不在

転んで降臨

だいたいがすぐに浮かれてしまうのが、俺のいけないところだろう。浮即是隙《ふそくこれすき》。浮かれるとたちまちスキが生ず。

年末は実にひどかった。年の瀬迫る二〇一四年十二月二十八日。なぜかはわからぬが、清水《きよみず》寺《でら》に行こう、とふと思い立ちバスで向かった。そこまではいい。だが、帰りにメガネを紛失。通った道をもう一度歩き、立ち寄った店々で問う。「メガネはあらん?」。先々で「否」の返答。

メガネを持っていく必要などまったくなかったのだ。そもそもふだん、メガネをかけることはない。にもかかわらず、出かける直前、持っていこうかしらん、と思った。よく見たい。何を？　いや、具体的になにかを見たいわけではない。ただ訪れた先で、何かに出くわすかもしれん。そのとき、メガネがあってよかった。ああ、こんなにはっきり見える。備えあれば憂いなし。君子万一を想定し動くべし。

まったく要らぬ先回りというほかない。結局、メガネを使うことなどありやしなかった。「随求堂《ずいぐどう》胎内めぐり」で真っ暗闇を徘徊《はいかい》、「一歩先も見えぬ」。メガネが要ろうはずがない。「おお、これが清水の舞台か」と感心したとて裸眼で十分。ただの一度もメガネを使いたいと感じる場面は訪れなかった。メガネはダウンジャケットのポケットに突っ込まれたまま放置された。そうして、めでたく紛失した。

翌日は、もっとひどかった。

DVDを午前十時までに返却せねばならなかった。出町柳《でまちやなぎ》のレンタル屋まで自宅のある北区から自転車で約十五分。家を出るのが遅れ、飛ばしに飛ばせば十時に間に合うはず。鴨川の土手をいっきに南下しよう。

俺は自転車を飛ばした。

その日、自分用の自転車ではなく自宅の自転車を使った。前後に子ども用の椅子の付いた電動自転車だ。そのほうが少しでも早く着くにちがいない。そう踏んでの使用だった。

北大路橋のスロープから鴨川へ。俺はトップスピードで坂を下っていった。

凍《い》てつく冬の寒風が俺にぶち当たっては、瞬時に、はるか後方へと過ぎ去りゆく。当たっては去る、尽きぬ寒風の束《たば》に俺の身体は包まれる。

ああ、寒空の鴨川、俺がまとうは一縷《いちる》の風のコート。

詩人きどりの愚かしい感想さえ脳裏をよぎった。実際のところ、まったく世界はキラキラ光って見えていたのだ。事実、物理的にも光っていた。前夜、小雨が降ったため、草木には露がきらめき、地面はしっとり湿っていた。スロープにも太陽の光が当たり、乱反射して見えた。濡れた地面を滑るようにして自転車は加速度をあげた。

ものの数秒の出来事だった。

光ってよく見えなかった鴨川の土手の手前が見えてきた。スロープを下りきって、いっきに平坦な道へ乗り入れる。そのはずだった。が、その出口付近に立ちはだかるものたちがいた。雀《すずめ》たちの群れである。

ちいさな雀たちよ。餌をついばんでいるのかい。なんておいしそうに食べるんだろう。だけど、ちょっとそこを退《の》いておくれ。さもないと自転車が突っ込んでいくよ。おいおい、退かないってか。こりゃ困った。頼むから、頼むから、退いてくれ！

俺は急ブレーキをかけハンドルを横にきった。このスピードで突っ込んだら、雀は飛び立てぬ。俺は冷静に、判断した。

刹那《せつな》、転倒した。

小雨に濡れたスロープは自転車を一瞬にしてスリップさせた。重い電動自転車は俺の左脚にのし掛かり、下敷きになった。左膝をしこたま打った。

やってしまった。左脚をずらして、自転車から左脚を解放する。そっと覗けば、ズボンは破れている。血だ……。

おそるおそる立ち上がると、立てなくはない。痛みはまだないようだ。だが、今から返却にいくのはさすがにむずかしいだろう。俺はあきらめ、自宅へ戻ることにした。

視線を地面にやれば、雀たちはちゅんちゅん楽しい食事会をつづけていた。ああ、よかった。うん、よかった。俺は目を細めて雀たちを眺めた。


「スキを見せてはいけない」。六年ほど前に入門した合気道の道場の師匠が口酸っぱくおっしゃる言葉がこれである。武道はスキをもっとも嫌う。

はたして、年末の二日間は目も当てられぬほどのスキだったと言えよう。師匠に会わす顔がない。まったくもって情けない。

いったいぜんたいどうしてこんなにスキが生まれたのか？

最初に述べたとおりだ。浮かれていたのである。

では、なにをそんなに浮かれておったのか？

よほどのことがあったんだね。そう思われたろうか。

たしかに、あった。といえば、あった。

昨秋、久しぶりにヒット作が生まれたのだ。それによって、経営的危機をやや回避。

……以上。ただそれだけのことにすぎない。ただそれだけのことで、浮かれたのだ。

そうして師匠に会わす顔がないばかりか、師匠のもとに出向いていく脚ではそもそもなくなる。転倒して一週間は、膝を曲げることすら困難だった。

年が明け、なんとか歩くことはできるようになったものの、まだ痛む。とうてい稽古は無理だ。

必然、しばしひきこもり生活を強いられることになる。

ああ、いやだ。ストレスが溜まる。溜まるに決まっている。エネルギーの向け場を失うと、体内に蓄積して、爆発しかねない。早く、なんらかの手を打たねば。瓢簞《ひょうたん》から駒、あるいは、怪我の功名。いつの日かそう言えるようにならねばやりきれない。

そう思ったとき、ふわぁっと何かが舞い降りた。その何かは、そのまま俺の体内に入ってきた。

うぐっ。

どうやら、身体がそいつを咀嚼《そしゃく》し始めたらしい。すぐに出ていく気配はないようだ。

な、なんだ。違和感はあれど不快な感じはしない。おそるおそる意識を体内へ向けてみる。意識を研ぎ澄まし、心中の目をもってそれを注視する。するとなにやら言葉が書かれている。

降りてきたものの正体はこれだった。

「パルプ・ノンフィクション」

……。一瞬の間のあと、俺は即座に了解した。

このタイトルで書いてみなさい。

きっとこう言っているのだ。

誰が？

うーん、そこまではよくわらん。

ただ、この感覚、もしやあのときに似ていやしないか。会社をつくる直前のことだ。二〇〇六年のある日、寝ていたら突然、やってきた。「出版社をつくりなさい」。天から声のようなものが聞こえたのだ。それにしたがった結果、今がある。

事実、あのとき、その声だけが頼りだった。出版社二社に計七年勤め、書籍の編集はできるが、経営のけの字も知らない。それどころか、出版社の営業のえの字すら知らなかった。つまり、売るノウハウも運営するノウハウもない。その状態から始め、十年目に入った。で、この十年をひとことで無理やり言うならば、「めちゃんこ楽しい」。これに尽きる。天からの声にしたがった先に今があり、俺は腹の底から、よかったぁ、と思っているのだ。

しかし、まったくもってあやしい。

われながら、あやしいことを言っていると思う。非科学的な話である。天啓。俺は結局のところ、こう言いたいのだろう。他人が言っているのを聞いたら、「大丈夫ですか」のヒトコトでも言ってあげるか、静かに立ち去るか。

が、ほかならぬわが身に起こったことだ。起こったことを否定するのはそれはそれで不自然であろう。ただ、確信をもって言えることがひとつある。

流れはいつだって向こうからやってくる。自分でつくることはできない。それは身をもって知っているつもりだ。

うむ。ここは素直にこの声にしたがってみよう。

どうせ、身体がままならぬのだ。お稽古にも行けないし。

この期間、このタイトルの本を書くことにエネルギーを向けるのも悪くないのではないか。

そうだ。きっと、それがいい。

一度そう思ってしまえば、あとは、むくむくと気持ちが湧き立つのに時間はかからなかった。

よし。このエネルギーの赴くまま書いていくぞ。

さっそく、カバンに入っていたノートを開いた。

一行目に、「パルプ・ノンフィクション」と記した。

そうしてようやく気づいた。

……いったい何を書けばいいのかしらん？

仕事教の行者

タイトルは決まった。あとは書けばいいだけだ。

ということで、俺はいきつけの喫茶店へ入った。自宅でも会社でもなく、まっさらな場所であらたな執筆に向き合いたいと思ったからだ。

パソコンを開き、タイトルを入力する。

よし。さて、と。……喫茶店に入ってから、かれこれ「さて、と」を心中、五回はくり返している。

何を書くか。それがとんとわからない。

ともかく、今日の日付を書いてみた。

「パルプ・ノンフィクション」二〇一五年一月二十一日

パルプとある以上、紙の話をするのがいいのかしら。

たとえば、紙にまつわる歴史的な事実や科学的知見を書いたものがあれば、それは間違いなくパルプ・ノンフィクションになるだろう。

パルプとは何か。紙とは何か。人類にとって紙とはいかなる存在か。紙は人類に何をもたらしたか。たとえば、生物としての人間に対し文化的な遺伝子にまで変化を与えたろうか。紙が普及する以前と以降では遺伝子情報が違っている、脳の仕組みや大きさに変化が生じた、など。あるいは生まれて最初に見る文字が、紙に書かれたものか、デジタルの文字かによって、人間の成長に影響はあるのか。食べることのできる紙はあるのか。今後開発される可能性はあるのか。それを食べつづけたら人はどうなるのか。そもそも紙がなくなると地球はどうなるのか。生命はそれでも存在するのか?

うん、なかなかおもしろそうだ。とくに、食べることのできる紙を追うノンフィクションなんぞ、とってもいい。紙の本をつくることを生業《なりわい》とする男が、紙の可能性を追っているうちに食べることのできる紙に出会う。で、食べてみる。紙で食っている男が紙を食う。むしゃむしゃ。うん、こいつは愉快だ。

と編集者である俺は思う。だが……。

無理だ。とてもじゃないが追えそうにない。こうした事実をひとつひとつ丹念に調べる類の行為は、俺がもっとも苦手な作業なのだ。それに、食べることのできる紙がいかにして生まれたか、その誕生過程を説明する必要もあろう。当然、科学的な調査が要る。だが残念なことに、俺にはそれに耐えうる科学の素養も知識も勘所もまったくない。

うーむ、と唸《うな》った。

「んじゃ、おまえには何ができるの？」

もっともな疑問である。というか、ふだん俺が投げかけている問いこそ、それなのだ。

「なるほど、そうですか。きっと、まだ気づいていない宝のようなものがあるはずです。それを引き出していきましょう！」

作家さんを前にして、編集者である俺はこういうことを言う。あるいは、無言で伝える。本気で思えばふしぎと伝わる。作家とは、目に見えないものを感知し、言語化できる存在なのだ。

書き手と編集者とのちがいはそこにある。編集者はそれができなくても、かまわない。あくまでも、感知し言語化するのは書き手のほうである。編集者は、書き手から引き出しさえすれば、「よくできました」となる。いい編集者は、書き手からいいものを見事に引き出す人たちをいう（たぶん）。

書き手と編集者の関係は、能楽におけるシテとワキ、野球におけるピッチャーとキャッチャー、バンドにおけるフロントマンとベース、漫才におけるボケとツッコミ、といった関係に近い。どちらか一方が欠けても成り立たない。

と、ここまで思考をめぐらせて、はたと気づいた。どちらか一方が欠けても成り立たない。ということは、今回の俺の企画は成り立たないということか？

編集者不在。

俺は、このままただの一行も書けないのではないか。喫茶店のなかで漫然と呆然とただ時が過ぎゆくのを眺めることしかできないのか。

いや、書いてはいる。現にいまも、何かを書いている。だが、これが一冊にまとまることはない。本になることのない文字の羅列、支離滅裂な散文という名の乱文。永久に「パルプ・ノンフィクション」なる本は生まれない……。

そうかもしれない。いや、そうに決まっている。

本当は俺自身が一番そのことをわかっているはずだ。書こう。一カ月ほど前にそう思って以来、薄々わかっていたのだ。

なぜなら、編集者不在を肯定すれば自己を否定することになる。企画段階から編集者と練りこんでいった末に、一冊の本は初めてかたちとなる。本とは、書き手と編集者の協働作業の結実である。

「編集者の役割とはなんぞや」と訊《き》かれるたび、こう答えてきた。にもかかわらず、己は編集者不在で本を書こうとしている。これすなわち、編集者不在を自ら肯定することにあらん。

編集者なんていらないよ。

このように言われることを俺は内心ものすごく恐れている。

いや、誰だって言われたくないだろう。「いらないよ」。全否定であり、存在の否定である。ひとことによって、存在を消し去ることのできる魔法のことばだ。もちろんネガティブな意味における魔法だ。悪魔のことばといっていい。

存在、と書いたが、なるほど、俺の恐れは存在の根っこが抜かれてしまうことにあるのだろう。それほどに、編集者というものと自分が同一化してしまっている。でなければ、「編集者なんていらないよ」と言われたところで、気にすることなど何もない。編集者を否定されたところで、俺は俺。こんなふうに強がることだってできるだろうから。

それができないのだ。俺即編集者、編集者即俺、である。

いったいいつから、これほど編集者であることと自己が同一化したというのだ。

昔は違った。

はっきりと覚えている。仕事ばかりする大人を、どこか冷めた目で見ていた。もっとはっきりいえば、子どもの頃、仕事ばかりする父のことが理解できなかった。理解できないどころか、自分が大人になったときは、ああはなるまい、とまで思ったものだ。家庭より仕事を常に最優先にする父。それに不満をおぼえる母。自営業であった分、ふたりのすれ違いは直ちに家庭のすれ違いとなった。その対立構造のなかで、かぎりなく母親のほうに寄り添おうとする甘えっこボーイだった。

あれから三十年。思えばずいぶん変わったものだ。自分ではずっと変わらないと思っていたのに、すっかり仕事と一体化した己の姿を今になって知る。ときおりあのときの父を全然理解してやれていなかったと今さらながら嘆息をつく。

ふと思い出すことがある。とりわけ自ら会社をつくり、人の親となってからはいっそうそうだ。父だって仕事ばかりしたかったわけではあるまい。だけど自営業である。明日の保証がないなかで働いていたのだ。いや、働かざるをえなかったのだろう。

と、こう思いを馳せた俺は初めて己の現実を直視した。

もはや俺は若者ではないのか……。むろん年齢は若者ではない。それくらいの自覚はある。すでに齢《よわい》四十を数える。心はいつまでも若者気取り。なんてことを言いたいのではない。ただ、若い人たちの感覚を大切にしたい。と一貫して思っている。とりわけ、自社においては若い人たちが働きやすいところであってほしい。自社から出る本たちは大人たちのみならず、若い人たちにも届くものであってほしい。そのため、どれだけ自分が仕事にコミットしようとも、仕事だけではない人生を大切にする感覚をもっていたい。若いころの感覚のままに。

だが、実態は、仕事即自分である。仕事以外の人生を充実させよう。なんて発想は年々薄れていっている。仕事が充実してこその人生だ。もはや信仰といっていいレベルで、そうとしか思えなくなった。

仕事教の行者？

俺があまりに行者然と社内でふるまえば、とたんに組織のなかにひずみが生じる。俺と若手メンバーとのあいだに溝ができるのだ。信仰深い人間と、入信を迷っている人との違いそのものといえよう。

信者にとっての常識は、入信したての者には非常識でしかない。同様、四六時中、仕事のことばかり考えるなんて狂っている。そう思われてもしかたがない。

たしかに、仕事との一体化は自由をもたらす。踊りと自分が一体化したバレリーナを想像してほしい。心に描くままに踊ることができる。その気持ちよさといったら！　自分という生き物が重力から解放され、風となる。空気の一粒子と化す。自分であることが薄れ、自然がありありと立ち上がる。

おそらく、あらゆる仕事においてこうした瞬間が訪れる。この喜びのために、日々がある。

だが。

だが、である。

まだ踊れない人たちに囲まれて、ひとり踊りつづけるだけでいいのか。あるいは、ひとり朗々と念仏をとなえる孤独な行者然としていいのか。

「信じれば、貴君もいずれは、体得するであろう」

このひとことだけを発し、あとは黙々と踊る、あるいは経をとなえる。

うーん。

よろしくない。

ひじょうによろしくない。と俺のなかの何かが告げる。

が、会社を維持するには、自分が走りつづけるしかない。会社が存続してこそ、若い人と一緒に働くことがかなうのだ。

すくなくとも若い人たちが育つまでは、俺は、孤独なダンサー、行者に徹するしかないのではないか。

思い返せば、俺のばあい、自力で獲得する以外の道がなかったのだった。

働き出した一年目に、父が病気で仕事をやめた。一家の稼ぎ手は自分ひとり。いやおうなく働かざるをえない状況になった。

仕事そのものが楽しかったのは事実だが、これ以上はぼんやりできない現実があったわけだ。

短期間に集中的に成長する。ちょうど成果主義の風が吹き荒れた時期でもあった。必然、そっちへと俺は傾倒していった。大学を同じくらいに出た同年代の若者たちが味わっているだろう楽しみに目を閉ざし、ひたすら仕事をした。そんな若者が、「せめて、結果を出したら自分へリターンを」と思うのは無理もない（都合のいい自己肯定であるが）。時代の空気も、それを後押しした。終身雇用が崩れ、若者たちが虐《しいた》げられている、搾取されている、という言論が広まった時期だ。二〇〇〇年代初頭のことである。

その後、俺は、成果主義の波に乗ることに疲れ、まったく違う道をとることになる。

ただ、その時期に追い込んだ自分の仕事へのスタイルはすっかり自分の身体の一部となってしまった。仕事教の行者へと、気がつけばなっていた。

出版という仕事が不況と言われ出した時期に、黙々と仕事に打ち込んだ。景気のいかんにかかわらず、自力、地力をつける。そういう仕事のやり方をとった。会社をつくるという流れになったのも、仕事即自分の果てであるのは間違いあるまい。

だが、これしか、生き残る道はないのだろうか。

何かを身につけるために、何かを捨てる。信者、行者となって、粛々とおこなう。

これだけが、出版という世界で働く道なのだろうか？

＊

……。というか、いったい俺は何がしたいんだ？

「パルプ・ノンフィクション」なるタイトルで何を書くのか。書くためには編集者がいるのではないか。なんとなれば、自己の存在否定につながりかねない。編集者なしで俺が書いてしまっては困るのだ。俺の職業が成り立たなくなってしまう。そんなことを考えていたら、そもそも、いまこの仕事をするってどういうことなのか、と考えてしまい、そこからさらに思考がずるずると若かりし頃の俺話へとトリップし、若い人との共存のむずかしさまで、思考が広がってしまった。

で、行き詰まった。

このまま突き進んでいいものか？

行けよ、行けばわかるさ。

そんなささやきが聞こえなくもない。案ずるより産むが易し、ではないか。いつだってそう生きてきただろ。

たしかに。と思うやいなや、現時点では想像もつかない愉快な地点へと導いてくれるのではないか、とぼんやり思えてきた。それどころか、使命のようなものまで感じ始めた。多いなるうぬぼれと承知しつつ。

つまり――。これを書き上げることができれば、出版の世界を救う何かさえ見えてくるのではないかしら。

よし、このまま筆が走るにまかせてみよう。

だが、この日はすでに限界だった。もう考える力が残っていない。余力がない。という俺自身の問題だけではもはやなかった。

「いったい全体、どれだけ喫茶店にいるつもり?」

悠久の街京都といえども、一杯のコーヒーで五時間は「ノー」であろう。今日はもうすでに四時間半はいる。

とにかく、今日はこれ以上は無理だ。

すみません、すみません、と言って喫茶店をあとにすることにした。いちおうは笑顔で送り出してくれた。たぶんぎりぎりの対応だ。かたじけない。俺は、左手の五指を胸の前で立て、ほんの気持ち頭《こうべ》をたれた。

グレーの世界

ひとたびつつけば、噴出する。掘れどつつけど一滴も出なかった場所に、わずかにできた穴から水がとびだす。涸れ地がとたんに水場となる。温泉場となる。泉源にたどりつき、コツンと「ひとつき」できるかどうか。ひとつきで結果はまるでちがう。

人間の体内あるいは脳内にも温泉源のようなものがある。ひとつの思いつき、アイデアがひとつきとなって思いも寄らぬ考えを湧出させる。一滴とびだせば、あれよあれよと溢れ出る。

先月、俺が思わず書いた「仕事教の行者」は、俺のなかに眠っていた過去をつつくことになった。端的にいえば、「グレーの世界」を想起させた。

で、その後も京都の喫茶店を訪れては、次のような考えを書いたのだった。

＊

グレーの世界。

働き出してすぐに感じたことだ。

つい数カ月前まで自分がいた世界とおそろしく違う。ひとことで言えば、風通しがわるい。どんより空気がよどんでいる。色がない。

同期の女の子たちとこっそり言ったものだ。

「おかしいよね」

「ね」

だが、このおかしさは、なにもその会社固有のものではなかった。ずいぶんあとになって意識したのだが、就職活動をしているときすでに薄々気づいていたものだった。

実は出版社以外に一社内定をもらっていた。日本有数の大きな会社だ。ものづくりの会社との相性のよさを感じていた俺は、そのなかでも海外に支社をもつ会社を探した。海外で暮らしてみたかったから。お金をもらいながら海外で生活ができる。最高じゃないかぁ。浅はかと言われれば、そうですね、と答えるほかない考えだった。

内定後、京都の田舎から新幹線に乗り、着慣れぬスーツをまとい、見たこともない高層ビルの立ち並ぶ本社まで赴いた。人事の人が食事会を開いてくれる予定だった。着いてすぐに、「しばらくお待ちください」と言って若者が応対してくれた。「新人の〇〇です」と彼はあいさつをした。人事の人が来るまでのあいだ、俺は訊《たず》ねた。「どうです、会社?」。すると先輩は、苦虫《にがむし》を噛み潰したような表情を浮かべ、「いやぁ」とひと声絞りだすのが精一杯だった。こんなに若くて体力ありそうで理知的な表情の持ち主が、おそろしく何かを押し殺して働いている。その苦悶の表情は俺に訴えかけた。「辞退するなら今だよ」

結局、俺はその会社に内定辞退を届け、出版社に行くことになる。マスコミ試験対策などクソくらえと断言していた俺が、出版社で採用されたのは、運がよかったとしかいいようがない。幸い、三カ月の研修を終え配属されたのが、単行本の編集部だった。そこでの仕事があまりにおもしろく、没頭の日々が始まる。そのために、しばらくあの会社のあの場面のことなどすっかり忘れてしまっていた。

ところがある日、初恋におちた若者は恋の浮かれから突如目覚める。そんなふうに、二十歳を三つ、四つ超えて青年といえる域を越しているはずの俺は、突然めざめた。目の前の仕事が大好きであるという事実と、その好きな仕事をおこなう自分のいる場を、初めて切り離すことに成功した。そうして、すこし遠くから見つめてみると——。

そこはグレーの世界だった。

せりあげてくるものがあった。就職活動時や入社直後に吸って感じた、あのよどんだ空気がふいに鼻をついた。

うおぅ。

思いがけず鼻を押さえた。

そうか、俺は鼻をつまんだまま全力疾走してきたのだな。楽しい、楽しい、楽しい。そう感じ、実際にそう思い、働いてきた。だがそれは、自分のいる世界を直視することを避け、そこから発する臭いに蓋《ふた》をすることで、成り立つ楽しさだった。つまりは自分の仕事を局地化、密室化させることでひそやかに楽しんできたにすぎない。

どうりで周りとの溝は広がるばかりだった。

「俺、めっちゃ仕事楽しいで」

本心から俺は語った。だが、語れば語るほど、周りが引いていくのがわかった。社内外を問わず、その現象は起こった。

当時（二〇〇〇年代初頭）、日本の会社を覆っていたのは、グレーの空気だった。国会中継さながらのちんたらちんたらとした時間浪費行為。グレーと紺とダーク色のスーツをまとったおじさんたちが日がなお金と時間を無駄にしている。おそらく何十年と！　権力、権威、自己保身、こうした価値が絶対的なものとして支配する空間。そこでは腐った水が流れることなく、一カ所に溜まりつづけている。その果てに生じた汚臭が日本各地を覆っていた。

一方で、そのグレーの世界に風穴を空ける動きが顕在化しだした。個人を主体とする成果主義という考え方だ。

戦後日本を支配した終身雇用、年功序列が崩れつつある現状、おじさんになってから給料が上がる構造では若者たちの分が悪い。なぜなら、俺たちがおじさんになる頃には、会社の業績が今以上にいいとはまったく思えないから。そもそも、そのとき会社は存続しているのか？　保障はいっさいない。ならば、「いま」、会社は還元するべきだ。おじさんたちに搾取されるのはもうまっぴらごめん！

一年先に入社した先輩が、あるとき言った。

「ミシマくん、出版社に勤めて、自分たちのことをホワイトカラーだと思ってたでしょ。俺もそう思ってた。けど俺たちブルーワーカーなんだよ。朝から夜中まで休みなく働かされて、むちゃな数字目標を課せられてさ。達成できなかったら、なにしてるんだ、って怒鳴られて。そりゃ、役員の人たちの若い時代はそれでよかったよ。どんどん経済自体が成長したわけだからさ。若いころは安月給で我慢して働いてたら、何十年後かには大きなリターンがある。退職金もたっぷり出る。けど、そんな経済成長はもうないでしょ？」

うん。と俺はうなずかざるをえなかった。高度経済成長のようなものが今後あるとはまるっきり思えない。高度経済成長はおろか、経済成長すら見込めない時代に自分たちはいる。というか、バブルみたいな時代の再来はまっぴらごめんだ。日本がバブル経済と浮かれていた時期、中高生だった俺は、一抹の泡すらこの身に浴びずにそれははじけた。浴びたかったとも思わない。なんか浮ついている、と冷めた目で見ていた。人生の大きな価値にお金を置く生き方って、超ダサいじゃないか。子どもながらそう思っていた。

「俺らは搾取されておしまい。身を粉にしてぼろぼろになるまで働いて、結局、役員のおじさんたちのために稼いでいるにすぎない。俺たちがおじさんになったときには、リターンはなし。いいように使われてるんだよ」

この説は説得力をもって迫った。

いわゆる年金問題と同じ構造だ。人口の逆ピラミッド化が進むこの国では、少数の若者が多数の高齢者を支えることになる。中学、高校の頃から、頻繁に耳にしてきた話だ。それと同じことが会社で起こる。すでに起こっている。社会と隔絶したところでぼんやり生きてきた俺が、働き出してようやく実感した現実だった。

その抜け道として、特効薬として、飛びついた先が成果主義という劇薬だった。苦しさを強いられるだけの人生から抜け出ようよ、とそれは語った。

年齢、雇用年数にかかわらず、稼いだ人に還元を。たとえ二年目であれ、ヒットを出したなら、二十年勤めた人の給料の倍出したっていい。逆に、翌年、結果が出せなかったら、大幅に減給される。当然のことだ。結果を出さずとも、「いる」だけで給料がもらえるほうがおかしい。結果を出したものがしっかり報われるべきだ。会社と個人は、そういう緊張感のある雇用関係でいい。結果がすべて。それは、プロ野球選手やサッカー選手と同じこと。

そうした考えが若者たちをほんとうに幸せにするものだったかどうか。二十年たった今、正直なところわからないでいる。いや、実際のところ大いに懐疑的だ。当時だって確信をもっていたかどうかおぼつかない。ただ、確信の有無を問わず、俺を含めて同世代のビジネスパーソンと呼ばれる人たちは、その考えにしがみついた。あまりにはびこるグレーに対する、苛立ちその行き場が、正否を問わず必要だった。

グレーを仮想敵に据えた、成果主義という解答。

だが、この方針で動きだしたとたん、新人時代から俺を突き動かしてきた「たのしさ」が影を潜めた。

どうしておじさんたちはこんなにもわからないのか？

たしかに俺は、ずっと本づくりそのものが楽しくて楽しくてしょうがなかった。が、「楽しい」の名の下、いっぱい働かせて、儲けさせて、その儲けはこっちに流すのではなく、グレーにばっかいく。きわめて不当だ。

そんな話をちらっとでも言おうものなら、返ってくる答えはいつも決まっている。

「ぼくが若い頃はもっと働いたものだ」

おいおい。またそれか。おじさんの時代と今はちがうんだよ。

あなたたちの頃は何十年と我慢していれば、必ず報われるときがきた。若いときの苦労は、将来の大きなリターンに対する貯金と思え。

だが、いま、我慢したところで三十年後、この会社が存続していると言えますか。保証してくれるのですか。

言えないでしょう。

んじゃあ、いま、還元してくださいよ。すくなくとも、それを希望する人にはそうしてください。

それに、管理職になるしか出世の道がないのもおかしいでしょ。生涯編集者という道があってもいいのでは？　職人としてずっと現場で職人的に働きたい人たちだっているでしょう。管理職としては優秀と言えないかもしれないが、職人としては超一流。けど、そうした人たちが生きる制度になっていない。これも日本の出版界の問題では？

そんな内容を記した「社内プロ編集者制度」導入の希望書を提出した。

人事の責任者に直接ぶつけたのだ。すると、そのおじさんはにこやかに言った。

「それは実にユニークなアイデアですね」

以上。

苔《こけ》や黴《かび》や蔦《つた》やらがもさもさ覆いそのまま何百年と風化した巨石に向かって、怒りをぶつけるようなものだった。なにひとつ変わらない。徒労感だけが募る。楽しかったはずの仕事までが重く感じられるようになった。

それに、もとはといえば、バブル期をすごした頃、やたらとお金に価値を置く空気を徹底的に嫌悪していたのだ。にもかかわらず、お金での還元を求めている。もちろん、あくまでも会社側が数的目標ばかりを求めるのなら、せめて数字に対しては数字で返してほしい。そんな理屈をたててはいたが……。

自分のなかに宿る、もともとお金に大きな価値を置きたくないという思いと、現実に求めているものとの差異におしつぶされそうになった。


結局、俺はやめるという選択肢をとる。

旅に出ることにしたのだ。

学生時代のあのカラフルな世界にもう一度戻るとしよう。グレーに同化はしない。かといってグレーに対立するのでもない。そのどちらでもなく、カラフルな世界へ。

それは、何ものでもない人間でいることにほかならない。

実際、学生までの俺はそうありたいと願って生きていた。世界中のどこを旅しようが、どこに住もうが、やっていける。こだわりも偏見も差別意識もなにもなく、ただフラットに、そこにいる人たちと接しながら。ひとつの色に染まるのではなく、多様を多様のまま受け入れ、その多様のひとつでありつづける。そんなカラフルな世界に生きていたい。

会社人間になってしまわないために。

仕事と自分が一体化してしまわないうちに。

世代対立のなかで無用な疲弊から抜け出るために。

お金に絶対的価値を置くという生き方に絡め取られないために。

……俺は外の世界へいったん身を置く。

旅を選んだ理由がそれだった。


あれから約十五年――。

お金に絶対的価値を置くという生き方とは一線を画している。

成果主義という劇薬も自分の体内から浄化できた。

お金で人生を左右されないような状態を日々めざして生きているつもりだ。

だが。

自らがつくった会社とはすっかり一体化した。くわえて、編集という仕事が自分そのものであるほどに同化している。この事実は否めない。

＊

俺もグレーの世界に一歩踏み入れてしまっているのか？

てなことを喫茶店で計十時間ほどかけて書いた。

むろん、重々わかっている。

タイトルと関係ないだろ。全然ちがうことばっかり書いて。

反論の余地がない。心中誰よりもわかっている。

けれど、こうした絶対的うしろめたさは、ときに体内で化石燃料となる。半年ほど、悶々《もんもん》としていたが、秋になってすこしだけ突破口が見えてきた。その化石燃料が放つ弱い光をたよりに、「まえがき」をついに書いた。

三つのまえがき

まえがき　一

――「舞台は明治時代　新潟　たまに現代　ときどき海外　総頁二〇〇ページ　判型四六上製　質感のある装丁　とにかく感動」

いくつかの質問項目を埋め、あとは空欄のまま残し、「おまかせ」欄に矢印を入れ、「執筆開始」ボタンをクリック。

画面には「執筆中。しばらくお待ちください」の表示。待つことわずか数分。「内容を確認しますか?」の問いに対し、すぐさま「いいえ」を押す。一読者として、まっさらの情報で読むのが楽しみなのだ。画面は「制作中。しばらくお待ちください」に切り替わる。

再び待つこと数分。

「完成です」の画面表示。

隣のプリンターがガタコトと音を立て、やがて出てくる。横一二八ミリ、縦一八八ミリ、束《つか》幅《はば》一九ミリの物体。表面はモコモコとした手触りのある紙。開くと、古い小説を彷彿《ほうふつ》とさせるイワタ明朝による本文組。たった今できたばかりの新刊である。むろん、内容はこの地球上で誰一人読んだことのない〝わたし〟だけのもの。

こうして「世界にひとつだけの本」が自宅でできるようになって久しい。いうまでもなく、この世界でひとつだけの本を「シェア」することだってできる。自分がいかに感動したかという「リコメンド」なるおすすめマークをつけて、無料・有料、どちらのパターンでも共有できる。

こうしてシェアしたり、売ったりする前に、「編集」することも可能である。特定の編集者を指名するか、不特定多数の「みんな」に委ねるかは自分次第。いずれにせよ、他者から表現変更や展開の仕方について「鉛筆入れ」がくる。そうした意見を「採用」ボタンを押して反映すれば、「編集済み」の一冊になる。同じ本でも「編集前オリジナル版」と「みんなの編集済み版」「カリスマ編集者S氏編集版」など、いくつものバージョンができることになる。かつて分業だった作家業、出版業、印刷業などすべてが自宅の一室で完結する——。

100％の確率で近い将来、こうなるだろう。

そのとき。

そのとき、それでも出版社は存在しえるのか。

まえがき　二

いま、これを書いているのは二〇一六年の秋であるから、百年後は二一一六年の秋となる。当たり前である。ではなぜこんな当たり前のことを書いたかといえば、二一一六年に生きる人たちに読まれることを前提に本書を書くことにしたためだ。「百年後の読者へ」というやつである。

ただし、そういうタイトルで執筆される多くと本稿とのあいだには、決定的な違いがある。それは何か。と申せば、筆者は誰の依頼も受けずに書く。そこが違う。誰の何の要請もないにもかかわらず、書くことにしたのである。

どうしてそういうことをするのか。

この当然の疑問に答えるために、すこしばかり私の職業について説明することをお許しいただきたい。

現在、私は二十一世紀初頭の日本という島国に住んでいる。そして、この土地では、野球という球技が盛んである。十九世紀後半にアメリカから輸入されたこの球技は、あっという間に日本国内に広まった。二十世紀半ばには国技と呼ばれる相撲に比肩する人気を博することとなる。と、ここで縷縷《るる》、野球の歴史を述べるつもりはない。なぜなら私は野球選手ではないからだ。それどころか野球というスポーツに仕事上かかわったことは一切ない。いわゆる関係者でもない。この事例を通して言いたいことはただひとつ。野球には、ピッチャーとキャッチャーがいる。で、筆者はふだん、野球でいえばキャッチャーである、ということが述べたかったのだ。

ピッチャーはキャッチャーのミットをめがけて投げる。キャッチャーの出すサインに応じて球種とコースを投げ分ける。むろん、キャッチャーのサインを無視して投げる投手もなかにはいる。だが、投げるボールを自分で受けるピッチャーはいない。世界中くまなく探せばいるかもしれないが、二〇一六年現在の日本のプロ野球およびアメリカのメジャーリーグを見わたすかぎりは、いない。必ず、ピッチャーの球をキャッチャーが受ける。キャッチャーが受けるからこそピッチャーは投げる。

右に同じ。作家と編集者の関係性はこうである。すくなくとも二〇一六年時点においては。とまあ、思わず結論を言ってしまったが、そう、筆者は、編集者という仕事を生業としている。この編集者という仕事は、作家の方々に執筆を依頼し、書いてもらう立場にある。断じて、書くことが本業ではない。書かれたものを読む、それが仕事なのだ。くりかえすが、ピッチャーが書き手であるとすれば、編集者はキャッチャーなのである。

そんなキャッチャー的職業を生業とする私がなぜピッチャーマウンドに立つのか。

実はその理由が、百年後の人たちに読まれることを前提に考える、と先に述べた理由と同じなのだ。どういうことか。結論を急げば、百年後に〈私たち〉はいなくなっているかもしれない。多分に、現在の〈私たち〉すなわち編集者という存在はその危険性にさらされている。

だからこそ、書き留めておかなければいけない。その使命感に駆られて筆をとることにしたのだ。そう言うとあまりにかっこよすぎるきらいはあるが、半分は本当で、あとの半分は不安なのである。書かないではいられないのだ。どうにもこうにも。自分の拠って立つ足場がじわりじわりと不安定なものへと変質している日々を見て見ぬふりをするのは、実に耐えがたい。このことに関してだけは自らマウンドに立って書かないではいられなかった。

ただ、それを同時代の読者に向けたのでは愚痴になりかねない。「いやぁ、けっこう僕らの仕事もタイヘンなんっす」みたいな物言いだけはしたくない。まして同業者に向けた内輪の話なんか絶対にいやだ。それはいくらなんでもみっともない。

それでも書かないではいられない。という、このやんごとならぬ事情が許されるとすれば、百年後に生きる人たちの目に留まるときではないか。そう考えた。なぜなら、先述のとおり、〈私たち〉はその頃、もう存在していないかもしれないのだ。仮に存在していたとしても、そうとう、かたちを変えているにちがいない。

百年後の読者にとって、ああ、こういう生き物がいたのか、という研究対象にでもなってくれれば、今日的基準では小言とみなされかねない本稿も、すこしは価値がでるというものだろう。もっともわが気持ちはそこまで消極的なわけではない。ほんとうのところは。書かずにはいられないものを書くなかで、百年後にわが職業が存在しうる希望の光が見出されるのではないか。というまだ光放たぬぼんやりとした淡い期待を胸に秘めている。ただ、その突破口の手がかりが現時点、皆無ではある。この事実だけが燦然《さんぜん》と輝いている。

まえがき　三　百年後に生きる人たちへ

そもそも、から始めるしかないだろう。

これを読んでいる人は、そもそも本というものをご存じなのだろうか？　いや何をおっしゃる、今あなたが書いているものを読んでいるじゃないですか。「本」を読んでいるから、こうしてあなたの考えを仕入れられているわけじゃないですか。なのに、ご存じですか、とはどういう了見で？　そんな反論の声を想像上で再生してみたが、ああ、そうでしたそうでした、失礼しました、と素直に謝る気が湧き上がってこない。まったく、といっていいほど。というのも、私が本と言ったときにイメージするものと、本書の読者（つまり現時点から百年後の人たち）が読んでいる「本」が同じだとはにわかに信じることができないからだ。

念のため、いま私の目の前にある一冊を描写してみる。

タテ一八八ミリ。ヨコ一二八ミリ。四六判と言われるサイズである。並製、ソフトカバー。いわゆるハードカバーと呼ばれる上製本と違い、表紙を触ったときの感触が文字通りやわらかい。本文の用紙は「ＯＫミルクリーム・ハニー」だろうか。最大手の製紙会社のひとつ、王子製紙が開発した紙である。特徴は、つるつるはしていないが、ざらざらというほどでもない。ほどよい質感。って、全然紙の説明になっていないな。はは。

その紙に刷られた文字は、ぎっしり。いったい何行あるのか、一行は何字詰めか。指で数えることにする。いち、に、さんと数えてみると、行数十九行、文字数は四十三字ある。文字の級数は十二級か。かなりちいさめだ。最近の書籍ではきわめて珍しいといっていい。

いや、実際そうなのだ。現在の日本はマスコミに言わせれば、少子高齢化社会に突入した。人口の年齢分布はどんどん逆ピラミッド型へ。二〇四五年には三人に一人が高齢者となる。といったことが定説として流布している。問題は、出版にかかわる者が、この現象をどうとらえているか。答えは簡単。「老眼が増えるのぉ、ちいさい文字はよくないのぉ。文字は大きく、読みやすく、老眼対応が基本の基本じゃわい。でないと、売れないから」。こう、とらえているのである。しかも、これに輪をかけるように言われるのが、若者の活字離れだ。まぁ、これは、私が少年だった三十年ほど前から言われているのだが。

「若い人が本を買わない。私たちが学生の頃は、そりゃあ毎日のように本屋に通ったものですよ。本屋がひとつの情報発信の基地でもありましたからね。そこに行けば、時代がわかる。だから用がなくとも本屋へいく。そうしたら、いやでも読みたい本が見つかりますよ。それに学生が本を読まないで、なにするの（えっ、おい！）」

鼻息の荒さとともに、こうした発言が業界内で日夜くりかえされている。もっとも、これには反論が多く寄せられるようになった。

「メールやネットやＳＮＳで、むしろ活字に触れる時間と量は増えているのではないか」

要は、紙媒体（主に新聞、雑誌、書籍）以外に書かれた活字は、活字ととらえられていないのだ。だからこそ、どれほどネット上に文字が氾濫しようとも、「活字離れ」という表現を使ってしまう。

ところで、だ。

活字。

いま、この現代日本の状況について書いてみて初めて気づいたのだが、活字は、活きる文字、と書く。

活きる文字、活かす文字。はて、いったい何を活かすのか。

という問いは宿題としよう。話を戻すことにする。

高齢化によって老眼が増え、若者たちは「紙の」活字から離れている。どちらの読者層を想定してみても、大きな文字にし、ゆったりとした文字組みにするにしくはなし。おそらく、私のみならず、多くの編集者がそう考えているはずだ。

ところが、この本はそんな時代の流れなどおかまいなし。ぎゅっと詰まっていて、それがまた美しい。版面が一見して美しいのだ。ちなみに版面とは、一八八×一二八の紙面において、天地左右の余白を除く（本文、柱、ノンブルの）文字が印刷される面のこと。いうまでもなく、ページ全面に印字されるわけではない。

いま、無意識のうちに「いうまでもなく」と使ったが、この表現は慎まねばなるまい。百年後の読者と私のあいだで、いうまでもなく、と言えるものなどどこにもないはずだから。いやぁ、コミュニケーションというものがいかに「いうまでもなく」に依存していることか。「イブの夜、部屋に入ったら、彼氏、サンタクロースの服を着てるんだもの。びっくりしちゃったわ」。こんな、女性側が喜んでるんだか喜んでないんだかわからない会話がそれでも成立するのは、サンタクロースの服の色、形のイメージが共有されているからにほかならない。ちなみに、サンタの服は赤色のコート、ですよね？　百年後の皆さん（あぁ、書いていて恥ずかしい……）。

さて。

先に述べたサイズと版面をもつのが私の目の前にある本である。

この文章も、紙の本となって、そこで読んでもらう前提で書いている。むろん、二〇一六年の現時点において、電子書籍はすでに広まっている。おいおい、じゃあおまえはなぜに、本といえば紙の本しかないような語り口をとるのか。電子書籍で読んではいけないのか。電子書籍で読む者を、本を読んだ、というふうに言いたくないのか。率直に言おう。

言いたくない。

断じて、言いたくない。

動物としての私の反応はまったくそのとおりである。事実、自社ではまだ一冊も電子書籍化していない。もっとも、理性を持ち合わせた人間としての私が、まあそう言いなさんな、共存、と諫言《かんげん》する。ああ、そうだった、自分の感覚を世間の常識ととらえるなかれ、だ。しかし……。

自分の感覚に素直にしたがえば、紙の本は電子書籍と同列に並べるなんて不可能でしかない。まったく別物。その理由はいくらでも挙げられる。けど、ひとつだけ理由を述べよ、と言われたら、こう言うしかない。

紙の本を前にすると、身体が喜ぶ!

たとえば、自分が編集を手がけた本が刷り上がり、製本されて、出来上がる。その一冊を手にすると、いつも、すりすりしないではいられない。すりすり、である。大の大人が頬を本の表紙にすり寄せ、うっとりするのだ。いま私には三歳児と〇歳の赤ん坊がいるが、彼らを抱きしめるのと同量、あるいはそれ以上の（と書けば将来息子たちは気を悪くするだろうか）愛情を注いで、すりすりしたくなる。本当である。嘘だと疑うなら、愛情測定器でもなんでも持ってきて測ってみるといい。ただし、その数値を家族に公開するのは待ってほしい。万一、同量ではなく、本への数値のほうが上回ってしまっては困るから。

えっ、気持ちわるい？　私のことが？　本にすりすりなんて、変態じゃないの⁉

そうですかそうですか。そう思うならけっこう。ああ、変態ですとも。紙の本を愛することなく生きる人生と比べたら、変態でいるほうが、どれだけ豊かなことか。私は、世間から蔑視されることより、本と出会えたことのほうを喜びたい。

ああ、この喜びを百年後の人たちとどれくらい共有できるのだろうか。

冒頭で、そもそもという問いをたてたのは、このことを言いたかったからだ。

百年後の読者は、紙の本はおろか、電子書籍でもない、現時点の私には想像もつかない媒体によって読書をしているかもしれない。とすれば、私はこれからどういうふうに、本について語っていけばいいのだろう。

そもそも、本について語るという試み自体、無理、なのだろうか。

第二章
ああ、編集者

執筆期間：
2017年1月
～2018年9月
編集：
脳内編集者（略してＥＢ）

自分と闇との境界線

タイトル降臨から二年が経った。足の傷はすっかり癒えている。

この間、俺は試行錯誤をくりかえした。その痕跡が三つのまえがきである。結局、どれもこれも、「まえがき」を書くだけで終わってしまった。つづきを書けずじまいでいる。

これにとりかかったときは、こんな気持ちであった。

書けぬなら、未来の読者に向かって書いてみよう。

まあ、起死回生を狙ったわけだ。

むろん、三つのまえがきに嘘はない。

この数年、ＡＩが人間の仕事を奪う論が恐怖をともなって流布した。

畏友、寄藤文平《よりふじぶんぺい》さんとは月に一度は会うのだが、文平さんとの会話も、それにまつわるものが多くなっていた。

「デザインの仕事は間違いなく終わります」

文平さんは断言した。「実際、芸大なんかでもグラフィックデザインをする人はほとんどいなくなっている。そこに未来がないことを（若い人たちは）、わかっているんですよ」

出版の仕事とて例外ではない。必然、自分たちの職業はいかなるものであるかを問いなおすこととなった。

ライティング、編集、出版、印刷、デザイン、校正……本づくりの仕事が根こそぎ奪われる可能性がある。

それはまぎれもない事実だ。可能性はすくなからず、ある。

ただし、俺はその事実そのものの重みに向き合うことより、その事実を「仮想敵」に据えることで執筆の契機としようとした。結局のところ、ＡＩをどこまで恐怖の対象と感じているかは自分でもあやしい。

なんだ、それ。さんざん、怖いかのようなこと言っといて。

いや、頭で考えだしたら、たしかに「どうなるのかな」と心配にはなる。けれど、「だからどうした」という思いが一方で強くある。それほどに自分の仕事は揺るぎないものである。と、楽観視しているのではない。まったく、ない。それどころか、考え始めると、マイナス要素ばかり目につく。その押し寄せる大波に目をつぶらないことには、毎日をやりすごせないのが本音だ。

だから、「恐怖と感じているかあやしい」という言い方は半分ほんとうで、半分は強がりでしかない。

現実問題、目の前のことで手一杯である。一年先なんてわかるわけがない。「今ここ」にある仕事をどうするか。どうすれば、爪の先ほどであってもおもしろくできるか。事実、編集のしごとに没頭してるとき、先のことなど考える余裕などない。

意識を寄せ、集中する。瞬間、未来への恐怖は消え去る。

こう書けば、ずいぶん芸術家じみてるじゃないか、と揶揄《やゆ》する人もいようか。

だが、創業より一冊入魂の出版活動をし、今では年間で十〜十二冊ほどの本を出す。ひと月に一冊出るか出ないかの刊行物だけで、十人超の人たちが働いている。つまり、雇用が発生している。もう、ありったけの愛やら熱やら多くはない技術やらなけなしのお金やら、やらを注ぎ込むしかない。その一冊をどう届けるか、を全メンバーが考え、営業する。でないと、文字通り、来月がやってこない。

必然、いち編集者としては、目前の一冊に集中することになる。それに、現時点では十年以上のキャリアのある編集者は自分ひとりなので、己の編集力がそのまま経営に直結している。どれだけ営業をがんばったところで、「一冊」に力が込もっていないことには始まらないのだ。

すると、ほんとうにこんなことが起きるときがある。

作品と自分との境界線が薄れ、自分の身体の一部が目の前の原稿になり、目の前の原稿のなかに自分の一部がいる。
作品が自分となり、自分が作品となる。

裏を返せば、こうした一体化、同一化が訪れないかぎり、本を編集することはかなわない。たとえば、帯コピーをつくるなんてことは不可能だろう。と俺は思う。

ちなみに、帯コピーというのは、カバーの上に巻く広告材である。表紙の上にカバーを巻いている場合、カバーは作品扱いとなるが、帯はあくまでも商材でしかない。カバーには通常、タイトルと著者名が印字されている。タイトル、著者名の要素だけでデザインされたカバーもあれば、イラストや絵を配してデザインされたものもある。もちろんどんな用紙を使うかでまったく違うものになる。「装丁」とはその名のとおり、本の服装にほかならない。デザインやパターンがかわいくても、テクスチュアがよくないと、いい服とは呼べないのと同じである。

帯は、そうした装いをまとった本を手にとってもらうための誘い水となる。「ねえねえ、この本いいでしょ」。本屋で通りかかった人たちに、編集者に代わって帯が語りかけるのだ。

帯づくりは編集者のたいせつな仕事のひとつである。

先日、インタビュアーの木村俊介さんの本の帯コピーをつくる機会があった。タイトルは、『インタビュー』。千人を超える人たちのインタビューを十代から二十年かけておこなってきた著者の技術や思いが詰まった一冊である。

ところで、この本は手書きで書かれた。それも四〇〇字詰めの原稿用紙にぎっしり、というオーソドックスな手書きではない。B5サイズのノートに縦書きで書かれた。一分の隙もないほどに紙面が細かい字で覆い尽くされている。そのノートをコピーした紙を受け取った。一見して、狂気を感じた。その狂気漂う束がずしりとわが手にある。

俺はえんえんと書かれたその束をもって、えんえんと読む覚悟をもって旅に出た。

水戸から小箱のような電車に乗った。京都に住んでいる俺が東京に行ったとき、水戸まで足を延ばすのはなかなか容易ではない。だがどうしても行きたい展覧会が水戸芸術館であった。そのまま日帰りしてもよかったのだが、ふと、温泉でも入っていこうという気になった。そのときちょうど手がけていたのが、『インタビュー』だった。

夕方に乗った電車は帰宅するサラリーマンや中学生、高校生らを乗せていた。駅ごとに人が降りていく。三十分ほど乗っていると、客は俺をふくめ数人になった。車窓の向こうはすでに真っ暗闇である。

車内の弱い光をたよりに、俺は読んだ。

ときどきどこを読んでいるのかわからなくなった。あとになって気づくのだが、えんえんと手書きがつづくこの原稿は、同じような内容がなんどもくりかえす仕掛けがなされていた。螺《ら》旋《せん》階段をのぼっていると、いったい自分が何階まで上がったのか、そもそも上がっているのか、と不安に思えてくることがある。そんな螺旋の渦に俺は気づけば巻き込まれていた。

草原にぽつんと駅舎だけがある、そんな何もない駅に降り立った。周りに商店も民家もない。ただ闇であった。暗闇もまたえんえんとつづいていた。

ちなみにその日は、世間でバレンタインデーと呼ばれる日だった。温泉のある宿に安く泊まりたい。その思いを満たすためだけに選んだ宿だった。しばらく暗闇でぽつねんと待ったあと、一台のタクシーに拾われ、宿に着いた。チェックインの際、宿のおじさんがはにかみながら僕にそっと手をさし出した。

「気持ちだけです」

おじさんの手にはリボンの巻かれたチョコがのっていた。

＊

闇と原稿と自他との境目が薄れ、さらに温泉の熱い湯とおじさんの甘いチョコでとろける体験を経て、京都に戻った。この間、昨品にどっぷり浸かり、温泉にも浸かり、考えた。浸ってあがる。そのくり返しの過程で、ぱっとうまく拾うことができた。それがこうだ。

「えんえんと、えんえんと、訊く。纏《まと》める」

この本の内容、そして著者の人柄を寸分違わず言い得た帯コピーができた（と自分では思えた）。

無事コピーもでき、やっと日常が戻ってくる。新幹線のなかでそう思ったのは、つかの間の妄想でしかなかった。経理から痛撃のひとことが待っていたのだ。

「あのぉ、来月末の支払いすこし足りないと思います」

な、なんだ。支払いがあぶないです、ってなんなんだ？　寝耳に水だぞ。

そんなことがあろうはずがない。なぜなら、俺は確固たる仮説のもと、会社を運営しているのだから。

——おもしろい本を出す。それを届ける。さすれば会社は必然まわっていく。太陽が昇り、太陽が沈む。雨が降り、川が流れる。やがてその流れは海へ。自然の運行と同じこと。

一点突破。「おもしろい」を実現すれば、必然、事は動く。会社を成り立たせようとせずとも、自ずと成り立つ。これが創業期に立てた仮説であり、実践してきた方針である。実際、会社はつづいている。

仮説にすぎなかった方針は真説として会社運営の常識となりつつあった。

この半年間だって、おもしろい本が出ていたはずだ。すくなくとも、その時点でのベストな本を。そうして生まれた本を読者のもとへ届けるために、精一杯の努力を重ねてきた。

なのになぜ？

「新刊出ませんでしたからねえ」

な、なんのことだ？と驚くわたし。

ははは。我ながら演技がうまい。驚くふりをしつつ、胸の内ではちゃっかり、三カ月前へと意識を向けていた。

うむ。

たしかに、昨年（二〇一六）十二月は新刊が出ていない。三カ月前、本が出ていないということは、来月、委託分の精算がない。自社の場合、新刊に関しては納品月末から三カ月後に書店から入金される条件を採っている。

つまりは来月、入金がない。

しかも、三月末は、一年で一、二番目に支払いがもっとも多い時期だ。それで現金が足りない可能性が出てきた。

うーん。こまった。

どうすればいいか。

というか、いま俺はもうひとつ困った事態に直面している。

委託とか注文とか、出版業にまつわる専門用語を解説せずに話を進めていいものか。さらっとできればいいのだが、専門用語の説明ほど面倒なものはない。

そこまで考えたとき、これはもしや、この本が進まないことそのものに根ざしているのではないか、と思い至った。

編集者不在。

結局、この問題に行きつく。

編集者がいれば、専門用語の解説をどうすればいいか、相談ができる。必ずしも編集者側に答えがなくてもいい。ただ、相談さえできれば、話しているうちに、思いつくことがある。突破口が見えてくる。サッカーで試合が硬直したときを思い浮かべればいい。攻め手がない。前線で崩す手がかりが見えてこない。そういうとき、とりあえずボールを中盤と後方の選手で回す。回しているうちに、相手が痺《しび》れをきらして、ぽんと飛び出してしまう。すると、そこにスペースが生まれる。突破口の緒《いとぐち》になりうる場所が見えてくる。とりあえず、そのスペースにパスを出す、あるいはドリブルで切り込む。局面はこんなふうにして動くことがある。

逆に、パスをまわさず、じっと一人がキープしたらどうなるか。キープしたまま棒立ちなんぞしてしまったら。いっきに敵に囲まれ、攻撃の機会そのものを失う。もしくは味方から心配され、二度とパスをもらえない選手になってしまう。孤立無援。

相談する相手がいないというのは、つまるところ、そういう状態に近い。

しかたがないので、脳内で編集者（an Editor in Brain 略してＥＢ）をたちあげてみる。すると、苦もなく声が聞こえてくる。まあ、本来の職業がそっちなのだから、当然といえば当然だ。

「何を書けばいいかわからない。そういうことですか？」

ええ、と殊勝に俺は答えてみる。ＥＢは間髪入れず言う。

「あなたに書けることがあるとすれば、自社のことじゃないですか。自分で出版社をたちあげ、十年近くやってきたのですから。それしかないでしょう？」

俺はことばに詰まる。

「いやぁ、自分や自社のことはどうも……あんまり書きたくないんです」

「どうしてですか？」

「うーん、自社のことや自分のことって、どうしても話が閉じたものになりそうで、どうも気乗りがしない」

「なるほど、それでこういうものを書いたりしたんですね」

ぎくり。

こういうもの……。たしかに、俺は先のまえがき以外にも試みてはいた。だがあれはあくまでも。

「あくまでも個人的なもの。そういうつもりですか？　個人的でありつつもノンフィクション的要素をもつ。閉じた話にならない、ぎりぎりのラインを狙っての試みだったのではないのですか？」

グーの音も出ない。まったくそのとおりだ。自分語り、自社語りに陥ることなく、自分たち、自社のことを書く。

それを実現させるひとつの可能性を求めて、こう題したものを書いた。「パルプについての記録」

要は、パルプ、紙にまつわる記録を日記形式で記したのだ。実際のところ、「パルプ・ノンフィクション」というタイトルが降臨する前の日記までほじくり返して、引用した。

それにしても、なにが「ぎくり」だ。脳内の声に反応して、びびってんじゃないよ。びびるだけで足りないのか、ぎくり、とまで書く。まったく俺は何をしているのやら。この時間を会社のもろもろに充てるべきでしょうが……。ああ。

パルプについての記録

二〇一四年九月〇日の日記

素晴らしいじゃないか。迂闊《うかつ》だったというしかない。俺としたことが、というよりかは、俺らしいかぎりだ。原点回帰の出版社、一冊入魂などと謳いながら紙ができる現場に来たこともなかったのだからな。

「おもしろい」を一冊にこめる。その熱量そのままに届ける。

それが出版社の「原点」だととらえてきた。

だが、その前があったのだ。

紙。

紙があってこその「おもしろい」ではないか。

というわけで、原点回帰の旅と個人的には位置づけ、北の大地へと降り立った。

九月十二日、会社のメンバーとともに、初めて王子製紙の苫小牧《とまこまい》工場を訪れた。一通り見学させてもらい、工場を出る間際に心中、つぶやいたのが先の感想だ。実際、「素晴らしい」以外の表現を持ち合わせていない。

　この工場は明治四十三年、一九一〇年に創建。ということは、日本という国が国力を上げていく真っ盛りの時期にできたわけだ。豊富な水源に支えられた土地で、水力発電を自ら開発。その水は電力を生むだけに留まらず、「製紙」業の中枢を担う。大量の水を使って紙は生まれるのだ。たとえば、数枚の紙ができるのに何トンもの水が要る。紙を製造する機械に投入される原料は約99％が水だという。それがさまざまな工程を経て、水分は10％以下に絞られる。機械の後半部分では、大量の熱が加えられ水分が吹き飛ばされるのだ。そうして通常使っている状態になる。

　つまり、紙は、文字通り熱を通してできる。

　一冊入魂。それを支える紙それ自体が熱の産物だった。そのことすら今日まで知らなかった。毎日使っている、読んでいる、触っているというのに。迂闊にもほどがある。

　現在の製紙工場であれば、どこであれおこなわれている工程である。しかし、この苫小牧工場には一見して違う点がある。工場の敷地内に水路があり、そこに木材が流れているのだ。北海道内で伐採されたトドマツやエゾマツなどの丸太が、ゆったり水路を流れ行く。やがてひとところへ集まり、丸太同士がぶつかり合う。ごつんごつん、と大きな音を立てながら、丸太はぶつかり細くなった水路を流れる。このぶつかり合いも、丸太の皮を剝いでいくひとつの工程らしい。まるで相撲のぶつかり稽古みたいだなと思った。一本の丸太はぶつかることで相撲する身体をつくりあげる力士さながらだ。最後に丸太は穴へと押し込まれ、五メートルほど下へ落ちる。そこで回転している砥石で掘削《くっさく》される。見事なまでにpulp《こなごな》に。こうして、紙の原料パルプができるのだ。

たとえばお弁当工場では、ミートボールを入れる人、野菜を盛る人、ご飯をよそって入れる人などが分業されている。同じ作業だけを黙々とこなしベルトコンベアに乗ってお弁当のパックは流れていく。これを一般に「流れ作業」と呼ぶが、苫小牧工場での丸太加工の工程こそ真の流れ作業と言えよう。

この水による流れ作業と、そこに乗って流れる木材が国産であること。これぞ、百年来つづく苫小牧工場の特徴なのだ。自分たちが使う紙の大半は、輸入材のパルプでできている。それだけに、国産パルプをつくる、今では貴重な工場でもある（輸入材パルプを使った紙もつくっていないわけではない）。

紙の布団まであった。まるで夢のようだ。

二〇一四年十二月〇日

苫小牧再訪。

今回は見学させてもらうだけでなく、講演を依頼されたのだ。これまで寄藤文平さん、ミルキィ・イソベさん、名久井直子さんの装丁家三人が講師を務めた枠で、今年が四年目だという。寄藤さんは「ブンペル」、名久井さんは「ポルカ」という紙を王子グループの用紙開発チームとともに開発した人たち。自他共認める紙のエキスパートである。紙の特性を知り尽くしている。ついこの前、紙の存在に気づいた新参者の俺とは大違いだ。

そのあとを受けて講演をするのに、プレッシャーがかからないわけがない。構図としては、日々紙を生産する仕事に従事している人たちばかりの前で、ど素人が話をする。それは、陶芸家さんの前で町の洋食屋さんが器について語るようなもの。たしかに器に自分が料理した品々を置かない日はない。けれども、器そのものに関して精通しているかと問われればひじょうにあやしい。無関心なわけではないが、精通しているとは言いがたい。自分のつくる洋食を盛ったときに映える器でさえあれば、それほどにはこだわらない。器の特質、特性を見極めたうえで選ぶのではなく、なんとなくこれがいいね、でこれまできた。

そんな俺が紙のプロたちの前に放り出されるのだ。

きつい話だ。

俺は方針を一八〇度変えることにした。つまり、こう考えることにしたのだ。陶芸家さんたちを前に、器そのものを語るのはよそう。その代わり、器を含む洋食そのものについて語ろう、と。

　こう決めて、壇上に立った。

　しかし、だ。それにしても暗い。国会の暗さとは違う。国会中継なんかを何かの拍子に間違って見てしまうと、それだけでおえっと吐きそうになることがある。保身やら権威やらのためにしか生きていないスーツ姿のおっさんたちがうごめく、ぬめっと淀んだ空気が充満していて、画面からもキモチ悪さが感染しそうになる。それに対して、ここは気持ち悪さや不清潔な感じはまったくない。むしろすがすがしいくらいだ。けれど、作業服を着た男性たちからはあまり覇気というものが感じられない。なぜだ。もしや、こんな講演に付き合わされているからか。とはその瞬間は思わずに、日々の仕事に自信を失っていらっしゃるからにちがいない、と俺は解釈してしまった。講演を依頼してくれたIさんから聞いた話を思い出したのだ。

「工場で働いていると毎日、大量の紙をつくるだけで、どう使われているか、まして自分たちのつくったものが喜ばれているかどうかなんてわからないんです。エンドユーザーが見えないまま日々仕事しているんです」

「そうなんですね。ここで紙が作られるから、僕たちは本づくりをできているわけで、その本たちが喜んでもらえているのも、もとをただせば、紙があってこそです」

「ええ。けど、なかなかそれは現場には伝わっていないのが現状です」

なるほど。ようし、それならここはひとつ、元気の出る話をしよう。それが俺の役割だ！と自らに発破をかけ、第一声を発した。

――みなさん、こんにちは！

「こんにちは」と、大声ではないものの反応してくれた。みなさん、いい人たちばかりだ。

――今日はありがとうございます。私は、出版社を十年ほど前にたちあげたわけですが、最近、どうも紙の産業をめぐる話は明るいものが少ないです。売上が減った、ペーパーレス化で将来なくなる、とまで言われています。ですが、ほんとうにそうなのでしょうか？　私はそうはかんがえていません。

というのも、「これからいよいよ紙が喜ばれる」と思っているからです。それが私の実感です。

実際、二〇一三年の四月から私たちの出版活動を一般の方々に支えてもらう「サポーター制度」を始め、ますますその思いを強くしました。簡単に申しますと、ウェブで毎日更新している記事を毎月まとめ、「紙版」をつくって、サポーターに送っています。その紙をご提供いただいているわけですが、毎月、本文用紙、表紙の用紙を変えています。ただ紙を変えるだけでなく、どんな紙か、その特徴は何か、など巻末に書くようにしています。すると、サポーターの何人かから、「紙から本を楽しむという発想がこれまでありませんでした。本屋さんに行く楽しみが増えました」といった感想がきました。

出版社側からいえば、これは大きな反省です。

紙の良さ、すばらしさを読者にお伝えする努力を怠ってきた。紙があって、中身がある。その順番をもっと共有しないといけない。

事実、ウェブの記事を紙版にすると、多くのサポーターが「ウェブよりはるかに読みやすい」「ネットのほうは、正直いうと、あまり読む気がしていません。こうして紙にしてもらえると、がぜん読みたくなりますね！」などの声を届けてくれています。

紙のほうが読みやすい。これは私たちもなんとなくわかっていることです。けれど、紙の良さそのものに目を向けることが弱かった。この質感とこの読み心地。そういうところへ目をもっと向けてもらえるようにしていく。

これまでできていなかったことがいっぱいある。そうしたことを少しずつ実践していけばいい。そうしたら、紙の良さに気づく人たちは増えるはず。可能性はまだまだあるわけです。

その意味でも、紙の出版の未来は明るい！　（以下割愛）

今日はご静聴ありがとうございました――。

ぱちぱちぱち。まばらな拍手。I氏は、まじめな性格そのままに、「今日はふだんあまり聞くことのないお話と申しましょうか、われわれにとっても元気の出る、励みになる話であったように思います」と締めに述べてくださった。恐縮。

その夜、苫小牧でも稀にみる寒波に見舞われた。車から降りてジンギスカン屋さんまでのほんの数分のあいだでさえ、冷気が痛くて凍死するかと思った。

二〇一五年一月〇日

偶然の装丁家・矢萩多聞《たもん》は言った。「紙の本をまたぐなんて。矢萩家でそんなことしたら大変だよ。これで生きてるんだよって」

あまり商売っ気のない多聞さん。中学生の途中にインドへ行ってしまい、そのままインドに住み、ある部分インド人よりインド人らしい多聞さん（時間におおらかなところとか）。そんな彼が自分の子どもには、紙の大切さを説く際、それが自分たちの商売なんだから、という意味のことを言う。またぐという行為を咎《とが》めるのは、そこに神聖な何かを感じているからこそ。インドの紙にも神は宿る？

二〇一五年十月〇日

高校の学校図書館司書の方々の前で講演をした。いろいろ話したあと質問コーナーがあった。

「三十年近く子どもたちと接してきて、今は、ほんとうに、ほんとうに本を読まなくなりました」

　がく然。

「一〇〇ページ未満の本のシリーズ『コーヒーと一冊』、これに感動しました。このシリーズのような、薄くて読みきれる、途中で読むのがいやになってしまう厚さじゃない本、こうした薄い本がもっとあればと思いました。こういうのがもっとあると、気楽に勧められます。どうしてもっといろんな出版社から出ないのでしょうか」

「うーん、他社のことは、わかりません。ただ、もしかすると、定価との関係性で薄い本はつくれないというのがあるのかもしれません。現状、専門書を除いて、普通の本の場合、二〇〇ページ前後で一二〇〇〜一六〇〇円ほどの定価がつけられることが多いですよね。単行本というう『商品』を成立させるためには、二〇〇ページほどないとダメ。そういう『思い込み』が実は大きな原因かもしれません」

　つづいての質問。ついに来たか、と思った。

「電子書籍はどうお考えですか？」

「まったく別ものと思っています。そして、最近わかったことがあるんです。それは、健康問題です。たとえばタバコ。六〇年代の映画なんかを観ると、誰も彼もが吸ってますよね。が、今はどうでしょう？　吸っているシーンを見つけるほうがむずかしくないですか。そんなふうに、今の常識が将来もずっと常識である保証などどこにもありません。きっと、タバコがそうであったように、おそらく『ええ!? 昔の人たち、あんな身体に悪いので字を読んでたの?』『電車でスマホ? やばいね』となっている。これが私の仮説です。数十年あとには、目も脳もよく大丈夫やったな!なんてふうに言われてるんじゃないでしょうか」

実際、スマホをやめている。脱スマホを実践することが、紙の本へ読者へ誘う第一歩だと思ったのだ。

「ケータイはガラケーだけです」と伝えると、司書さんたちのなかで軽いどよめきが起きた。うなずく方も何人かいた。

あと、教育現場では、ネットを使うほど学業成績の低下が認められる、という話も『デジタル・デメンチア』を引用しつつ話した。目に悪いばかりか、脳に悪い。そんな調査もあるようだ、と。

いずれにせよ、紙はまだまだ必要とされるし、もっともっと必要とされる時代が戻って来る。そのとき、技術の断絶を起こしてはいけない。そのためには、「つづける」ことしかないのだ。ふらふらしないで、紙の本をつくり、届けつづけるのだ。

二〇一六年九月〇日

上田誠さんにしてやられた。

劇団ヨーロッパ企画の舞台「来てけつかるべき新世界」を観た。近未来の大阪・新世界の串カツ屋で繰り広げられるコメディ。簡単にまとめるとこうなるが、二時間超、ずっと笑いっぱなしだった。のみならず、うーんと唸ることしばしば。そして幾度か首をうな垂れざるをえなかった。

ＡＩが人間の職業を奪う。

こんな実体のない問いを軽やかに吹き飛ばす喜劇を生み出してくれたのだ。

ロボットアームにおいしい串カツ揚げられるかい！　鼻息の荒さをよそに、おっさんたちは、愛する看板娘とロボットアームのつくった串揚げを食べ分けることができない。

完全なる人間の敗北。実際、日雇いの職を奪われる男も出てくる。そしてある日起こるシンギュラリティ。人工知能が発達しすぎて、突然起きる暴走。制御不能な事態。そのとき、人間は……？

いやあ、笑った。腹がよじれるほど笑った。

これだけこちらを考えさせといて、「社会派」作品にはけっしてしない。その腕にただただ脱帽するしかない。そして思った。この作品ができた以上、もはやＡＩ脅威論を論じることは意味がない、と。

二〇一七年四月〇日

東京から高校生たちがやってきた。ご近所に住む独立研究者・森田真生さんの母校の後輩たち七名だ。秋の修学旅行前に、月並みな観光地ではなく、「おもしろい京都」を見つけるべく参集した有志たちらしい。

森田さんのアテンドで、「はてな」創業者の近藤淳也さん、狩猟家の千松信也さん、神戸在住の建築家の光嶋裕介さんらの話を聞きに行き、最後に僕たちのもとへ来た。

「出版社に興味ある人いますか?」

しーん。

「僕、建築家になりたいんで」「おれ、学者っす」「本、読まないです」

うん。

こういう子たちにこそ、本の世界の魅力を届けたい。以前、「寺子屋」と称して、本ができる前を知ってもらう機会を設けた。たとえば著者と編集者の最初の打ち合わせを公開でおこなう。本は完成したものを読むだけでなく、できる前もおもしろい。だが、残念ながら、このおもしろさは編集者など出版社側の人間にしか味わえないものだ。本が売れないと嘆く前に、本の魅力に触れる入り口を増やす努力を、もっともっと僕たち版元の人間はしないといけないと考えていた。

だから、この日も、こういう出版の世界に無縁だった子たちにこそ伝えたいんだ、とかえって燃えた。

燃えたまんま、第一声を発した。

「出版はマグマです！」

ホワイトボードに「マグマ」と大書し、丸で囲った。高校生たちの顔がニヤリとなった。気がした。

「僕たちは、創業期から『ちいさな総合出版社』を謳ってきました。総合出版社というわけで、専門出版社とは違います。たいてい、小出版社は自分たちの得意なジャンルの本を出しますが、社員が僕一人のときから総合出版社です。つまり、ジャンルはバラバラ。絵本、コミックエッセイ、哲学、教育、人類学、医学、エッセイ、ビジネス書、ジャンルは多岐にわたっています。ただし、ジャンルは違えど共通点があります。それは、何かといいますと……どれも、おもしろい！」

ここで高校生たちが笑った。よしよし。つづけて、言った。

「おもしろマグマ発の本たちばかりなんですよ！」

ははは、と手を叩いて笑う子もいる。このおっさん、何言ってるの？

たぶん、そういう笑いだろう。

「ところで、みなさん、温泉は好きですか？」

「はい」素直ないい子たちだ。

「僕も好きです。が、温泉と温泉もどきがありますよね。温泉もどきって、あれです、温泉エキスみたいなのを入れたやつ。つまり、マグマ発じゃない。ほんとうの温泉はマグマ発。マグマの熱で温泉となり、それを僕たちは享受している。おんなじことです」

は？という顔をする高校生たち。

「僕たちの本は、マグマ発です。おもしろマグマが先にある。その熱をそのまま形にしたらみんなやけどしますから、読める状態にする。触れても、やけどはしない熱さへと手を入れる。それが編集者の仕事です。マグマ職人。あ、これはいま思いついた表現です。

本には、マグマ発の本と、温泉もどきのような本があるんです。一見、似ていますが、まったくちがう。マグマ発の本のほうがよくないですか？」

うん、うん、とけっこうみなさんうなずいてくれた。

出版マグマ論。

自分で語りながら、論理はめちゃくちゃだけど、けっこうおもしろいと感じていた。

翌日、先生たちからメールがきた。

「生徒たち、すごく喜んでました。特に、マグマの話がおもしろかったみたいです」

「出版社に興味が湧いたと言っている子もいました」

よしよし。

二〇一七年十二月〇日

デジタル読書に対する漠たる恐怖にケリがついた。

かつて先人たちは幽霊を恐れた。行き場を失った死者たちのこの世への執着がぼんやりとしたかたち、気配をともなって現れ出る。とりわけテレビはおろか電灯もなかった頃、日没のあと、空間の支配者は太陽から闇にとって代わられた。闇は当然、人の視界を狭くする。昼間はっきり見えたものが、見えなくなる。見えなくなると、見えないはずのものが見えるようになる。床の間に自らが飾った掛け軸の輪郭が、じい様の亡霊に見えてしまうがない。庭のすすきが揺れる様を見て、あの世の先祖が私を手招きしている。そんなふうに「見える」。それはなにも珍しいことではない。

今やすっかり闇は消えた。とくに都会ではすっかりその存在はどこかへ追いやられた。眠らない街。眠らない人。本は朝読むものですよ、目が悪くなりますからね。いまどき、そんなこと言うと笑われるんじゃないかしら。

デジタルであれば、暗闇での読書もむずかしくない。端末の明かりで読めてしまう。一方、紙の本を闇で読むことは不可能だ。闇が闇のままそこにある。

ロボットと比較して人間であることの要件が、霊性の有無であるならば、紙の本は人間を人間たらしめる物質と言えるのではなかろうか。

男、現る

日記を読み返してみて、しみじみ思う。

紙の本をつくって生業とする。それを未来永劫成り立たせるための「根拠」を求めつづけていた。紙の本は人類にとって必要である。そんな肯定の論やことばを、先には掲載していないが、この間、ちょっとした会話のなかや漱石の本やら現代作家の恋愛小説からも、探すことが日常となっていた。

すべては「逃げ」だろう。

何からの？　……現実？

作品と同化する。そうして編集に没頭する。

長い潜水から浮かびあがるたび、現実の光に目がくらみそうになった。

売上？　資金繰り？　メンバーたちの不満？　退職？

つぎからつぎへと、何かが起きる。

こんな売上で会社大丈夫かな？　メンバーは、ここで働いていていて楽しいかな？　こうした

「わからない」がときおり、心を覆い尽くす。そんなとき、ひとつの解決策として、遠くを見ることで問題をすりかえていた、のか。

いまの苦しさは、業界全体が直面する危機によるもの。俺たちはこれ以上ないくらいがんばっているのだ。どうしようもない、時代の変化によるものなのだ。

と他者の責任にして。

もっとも、そうとしか思えないことが多くあった。

すさまじく働いている。がんばっているから肯定してくれ、と言いたいわけではない。創業から最初の五年間と比べても、一冊一冊のレベルが下がっているとは思えぬ。にもかかわらず……。と思ってしまう。これが本音だ。

そんなことを思っていた折、創業まもない頃からお世話になっているリトルモアの孫家邦《そんかほう》社長と久しぶりにお会いした。あいさつがひととおりすんだ頃、「どう？ 重ない？」と渋い表情で訊いてこられた。「初速が同じでも、昔みたいに跳ねへんやろ。五万はいった跳ね方しても、途中でパタッと止まる。二万部くらいで終わってしまう」

たしかに。

事業計画もたてずに、それでも、会社が成り立ってきたのは、編集者の勘で、この本は一万部は超えるだろう、これは二万部はいく、とわかったからだ。自分たちの規模で、二万部を超えれば、必死で手漕ぎしつづけていた手を少しだけ休めることができる。しばし、人力に頼らずとも慣性の法則にしたがって小舟は進む。

それが、近年、どうもそのとおりにいかない。

一万五千部はくだらないと思っていたら、一万部もいかない。その現実に直面して初めて、ヤバい!と焦る。ひと息つく予定をあきらめ、全速力、いや二倍速で走る日々を送るハメになる。現に走りっぱなしだ。

EB再び登場する。

「そこが一番切実なんですよね。その切実なことを書かないといけないですよ」

切実なこと……。

「それしかありません」

EBは迷いなく断言した。その刹那、「男」が登場した。

＊

──虚栄心の満足以外に何の為になるだろうと疑っていたが、これで見ると活版の勢力はやは──

—— り大したものである　　夏目漱石『三四郎』——

男は喜んだ。漱石の言葉を励みにした。印刷物に力がある。漱石がこれを出したのは、明治四十一年、一九〇八年のことだ。百年以上前に刊行された書物である。それが今、こうして「わが事」のように読めるではないか。百年の風雪に耐え得る言葉。まさに、「活版の勢力」、いまだ衰えず、というほかあるまい。

事実、男は漱石の文章をそのまま「わが事」と重ね合わせたのだった。

わが出版業は漱石の時代より連綿とつづいている。ちょっとやそっとで吹き飛ばされなどしないのだ。

活版の勢力。この五文字の意味するところは、男にとってはただの五文字ではない。書物の勢力、印刷物の生命力、出版業の永遠性……。男がこのような読み替えをするのに、さしたる想像力は要さない。

男が初めて『三四郎』を読んだのは高校生のときだった。大学四年生の冬に再読した記憶がある。高校、大学、いずれにせよ多感な青年時代といえる。当時の男にとっては、百年近く前の明治時代の窓からひょいと漱石が顔を出して、語りかけてくるような体験だった。そのときの直接的なインパクトがいまも男のなかに宿っている。

いわば、書物のなかの先生である。

その先生が、言うのだから間違いない。男はなんの疑念を挟むことなく、そう思っていた。だから、男が、先の五文字を「それ以上に」読むのは当たり前といえば当たり前である。表面的メッセージの裏に込められたメッセージを読んでこそ弟子はつとまる。たしかに、師弟の関係にはそのようなメタのやりとりが欠かせない。問題に対して正解がただひとつある。それを正確に言い当てる。といった、マークシート方式の試験とは根本的にちがう。言外の意味を読み取ってこそ、はじめて弟子の成長は可能となる。裏を返せば、言外の意味を読み取る力を得ることなしに、弟子を名乗ることはできない。男が漱石の五文字をわが事にひきつけ、先のように解釈するのも、やむなし。こう言えなくはないだろう。

そうして男は己の職業に対する意義ややりがいを逞《たくま》しくした。つまり、紙の出版物を刊行し、それを生業とすることに、「大丈夫」の太鼓判を自ら押したのだ。

だが、むろん、これにはかなりの無理がある。男のこの解釈は、片思いの思春期男子となんら変わらない。残念ながら、男はそのことに気づいてはいないようだ。

（わ、いまあの子、俺のこと見たよね。うん、見た。間違いなく、見た。えっ、それってもしかして、俺のことを、す、す……うっひょ）

好意を寄せる女性のちょっとした仕草（たとえば、席を立つときに一瞬こちらを見るといった行為）を、自分に向けられた好意であると解釈する。つまり、あるひとつの事象を都合のいいようにとらえてしまう。それが、独善的思い込みであるかどうかを客観視することなどなく。

もう一度、漱石の原文を読み直してほしい。

どうだろうか？　男が都合のいいように解釈した五文字は、むしろ「デジタルにおける発信の勢力」と置き換えるほうが自然ではないだろうか。

「虚栄心の満足以外に何の為になるだろうと疑っていたが、これで見るとデジタルにおける発信の勢力はやはり大したものである」

ブログ、ツイッター、フェイスブック、ラインをはじめとするSNS（ソーシャルネットワークサービス）。こうしたメディアを使って発信することとは、男の目から見たら「虚栄心の満足」にすぎないのだろう。編集者という第三者が介入しない言葉など「たれ流し」ではないか。心中、こうたかをくくっている。

「誰もが簡単に発信できる。なんの苦労もなく、誰かのチェックを経ることもなく。ということは、そこには第三者の諒解や保証がない。決済印の押されてない書類が出回っているようなものだ。罵詈《ばり》雑言《ぞうごん》が渦巻くのも必然といえよう。

翻って、わが仕事はどうか。書籍にするにあたり、いったい何度原稿に目を通すことか。そのたび、文章が練られ、原稿が生きてくる。そう、文字通り、活力を得るのだ。魂がそこに宿っていくのだ。ベルトコンベアにのってできあがってくる餅《もち》と、石臼《いしうす》においたもち米を杵《きね》でつく、まぜる、つく……を経てできた餅のちがい。編集の手と目が入った文章は、弾力性とこしの両方をあわせもつ餅のようなもの」

口外こそしないものの、常々、男はこんなふうに考えてきた。

そうして、また重要なことを男は見落とすのだ。練りに練った原稿を一冊にする。ネットで書かれる文章とはまるでちがう読み物が一冊のかたちになる。男のいうところの活力をもった一冊が生まれるわけだ。しかし、その一冊はつくって終わりではない。それが読みたい人のもとへと届いて初めて生命を得る。と、当然のように男は考える。そして一人でも多くの人に届けるために、を合言葉に、ブログ、ツイッターなどで拡散する。アクセス数、閲覧数の何千分の一、何百分の一の人でも買ってくれることを期待して。いや、念をこめて。

そう、男もまた男が「たれ流し」と呼ぶところのメディアを大いに活用しているのだった。男はそのことには無自覚でいる。ただ己の優位性を信じて疑っていない。

……。

＊

「男」ってなんだ、男って。

俺が俺自身のことを「男」と呼ぶ。客観視して書く。

自分のことは書きたくないから、とEBに相談したら、人称「男」を思いついた。三人称の話として書くことで、解決しようとしたわけだ。結果、むしろ恥ずかしい書き方になってしまった。しかも、切実なことなどまったく語っていない。それどころか、再び、いや、三たび、自身の仕事の存在肯定を「男」を通しておこなっただけではないか。

まあ、書いている最中はそうとも気づかず書けるものだ。むしろ、嬉々として。それがために、勢い余って、長崎で書き出し途中で終わっていた「序」につづける文までつけてしまった。冒頭の序が、途中から人称が「男」であるのはそのためだ。

うーん、もう。

お手上げだ。まったくお手上げだ。

「パルプ・ノンフィクション」。未完のまま……終了？

第三章
実験の時代に

執筆期間：
2019年4月
〜2019年6月
編集：
ふたたび不在

雑誌はつくりません宣言のあと

終了？　宣言から半年以上が経った。この間、すっかり状況が変わった。個人的には、制作と現実のはざまでぐらつき、黒船来襲なんぞと叫び（ＡＩ、電子のこと）、現実逃避するといった愚行は収まった。会社としても、ようやく仕事そのものに集中できる環境が整ったり（仕事に身が入らない人がいると辛いものです）、ヒット作が出たり、一点一点がしっかりと届いている感覚を得ることが多く、いいサイクルに入っていた。

こうして余裕が出ると、突然、視界が開けることがある。

このときもそうで、「パルプ・ノンフィクション」を未完のまま終わらせたくないという強い思いを抱くようになった。書ききったときには、業界の「光」が見えているにちがいない。その光は、きっと自産業のみならず、日本中の会社、いや、それどころか、全産業を照らすことだってありうる。

こう、自らを鼓舞するのは、なにより書きたい気持ちがむくむくと湧き上がってきたからだ。それは、書きたいこと、書くべきことに出会ったからにほかならない。そのことに触れるためにも、いったん二〇一五年までさかのぼることにする。

二〇一五年。僕は、その年、「実験の時代」と位置づけいろんな試みを始めた。「パルプについての記録」で述べた、シリーズ「コーヒーと一冊」もそのひとつである。

これとともに、今に至るまで自分たちの核となるとりくみを始めたのだった。

＊

初春、社内でミーティングをしていたとき、営業メンバーのひとりが言った。

「書店さんに訊かれたんですけど、雑誌はつくらないんですか？」

それに対し、間髪入れず答えた。「雑誌だけはつくらない」。なぜなら僕たちは、単行本出版社なのだから、と。実をいうと、幼少期からずっと僕自身がそれほど雑誌読みではない。基本、本好きであっても雑誌好きと言うにはほど遠かった。それもあり、どうも雑誌をつくりたい欲が芽生えてこなかった。単行本出版社と断言する背景には、こうした個人的な性向がある。

それから数カ月後、瀬戸内海で三番目に大きな島、山口県周防大島《すおうおおしま》を訪れる機会があった。

初の訪島だった。京都に戻ってからも、そこで見た景色がまざまざとよみがえっては、ぐつぐつと脳内で煮立った。

同世代の移住者たちを中心に、みかん農やはちみつや自然農や、さまざまな活動をおこなっていた。彼ら、彼女らが、訪島中、生産者直売りのマルシェを開いた。そこに一日二千人ものの人が集まった。それも、企業や行政の支援をまったく受けずに。自分たちの手と足を動かして、アイデアをひねりだし、結果、人口一万七千人の島にこれだけの人が集まった。お金を投入すれば人が集まる。有名だから人が来る。そうした「定式」「常識」をするりとすり抜け、彼ら、彼女らはやってのけた。

周防大島で見たもの、感じたものは、けっして大きなうねりではない。植物にたとえれば、種のような状態。土に植えてまもない種。花はおろか茎も葉も生えていない。もしかすると、土中に埋まったまま、芽が出て来ない可能性がないとはいえない。

だが、そこに種がある。生命力あふれる種がある。それだけは確信できた。

その事実に震えたのだ。

この震えずにいられなかった事実を、なんとか全国に届けたいと思うようになった。きっと、同じような動きが各地で起こっている。こういう動きは同期するものだ。とすれば、周防大島のことをなんらかのかたちにして読んでもらえるようにすれば、励みになる人たちが出てくるだろう。もしかすると、救われる人が出る可能性だってある。なんの後ろ盾もなくおこなっている動き。遠く離れた地で、同じようなことをやっている人がいる。そしてその動きは、孤独を理由に、いつ終わってもおかしくない。という強い直感が働く。

けれど、僕が日頃つくっているのは単行本だ。単行本はとにかく時間がかかる。周防大島の動きを書籍にしようとすれば、どんなに早くても数年後だろう。芽が出て花が咲く、実が成る。その過程を丹念に追ってこそ、本のおもしろみが増す。促成栽培はしたくない。

どうしたものか？

と、頭を抱えた。うーん。うーーん。何度唸ってみても、妙案が浮かばない。

毎週月曜の朝におこなう定例の全体ミーティングでのことだ。僕は、その場で、周防大島で感じたことを話した。

「あの動き、すごいと思う。なんか、未来を感じた。未来がそこにあると思った」

とまあ、抽象度の高い言い方を連発。僕が感動しているという熱だけが伝わるという場となった。

その流れで、「これは、伝えなあかんと思う。出版人として、メディアのひとつとして」と語る。

「うん、そうや。僕らは出版のメディアという仕事をしている。たまたま僕は周防大島を訪れた。たまたま訪れた場所で見て、思いがけず未来の種と出会った。なにより僕が感動した。自分たちの出版という産業の『ちょっと先』がそこにあると感じた。どんどん後継者が少なくなる農業という産業で、自分たちの子たちが安心して食べることができる農業を自らおこなう。どんどん人口が減っていく村にたまたま移住した。そのたまたまを必然にするような動きが起こった。その証拠がマルシェであり、人口一万七千人の島に二千人が集まったという事実だ。こういう動きを『点』で終えてはいけない。きっと全国で同じような動きがいっぱい起こっているはず。それを各地で起こる『点』にとどめておいてはもったいない。各地の『点』が『線』になる。『線』が『面』になる。それができるかどうかは、僕たちメディアにかかっている！」

熱い。われながら熱いことを語ったものだと思う。

しかし、実際は、この話はこれでは終わらなかった。つづけて僕は、こう言っていたのだ。

「だから……」

（だから……？）

メンバー一同、だからなんだろうと思ったにちがいない。事実、僕自身がこう思っていた。

——おいおい、「だから」のあとにとくに何かあるわけじゃないだろうに。

言葉を中断した状態の僕に視線が集中する。自由が丘のオフィスにいるメンバーからも、スカイプ越しに注視されているのがわかった。僕は開いた口を閉じるためにも、とにかく言葉を発することにした。

「だから……雑誌を出す！」

えっ？

と言ったのは、メンバーではない。僕、のほうだ。

え、そうなの？　雑誌つくるの⁇　あれだけつくらないと言ってたやん。

と自分で自分にツッコミを入れた。そのあとになって、今、なんて言いました？というみんなの心の声がはっきりと聞こえてきた。

「うん、そう、雑誌。うん、雑誌ですね」

やや、とまどい口調で自分の発言を後押しする。言葉にしていくうちに、ふしぎとすこし自信が湧いてきた。

「雑誌を出すんです」

メンバーを見回して、言い切った。だんだんと思いつきが確信へと変わっていくのがわかった。

「もう、それしかない。ついに、雑誌をたちあげるときがきた！」

華麗なる前言撤回、朝令暮改の瞬間だった。

新しい編集

新しい動きを伝えるには、それを伝える器も新しいものに。

マクルーハンという人が言ったことになっているが、「メディアはメッセージである」のは免れない。たとえば、「黒いリンゴ」というタイトルの特集を組む。その掲載誌が、二十代前半の女性に向けたファッション誌と日本の社長御用達ビジネス誌と小学生向け科学誌とでは、たとえ書かれた特集内容が同じであっても、読み手の印象はずいぶんちがう。なにより、読む前のファースト・コンタクトがちがってくる。媒体自体が先入観を与えるのだ。ファッション誌に「黒いリンゴ」とあれば、次の流行アイテムのキーワードかな、と思うかもしれない。ビジネス誌なら大不況のリスクを、子ども向け科学誌なら未来の実験のやり方を、エコロジー系の雑誌であれば地球環境の限界を暗示するメタファーを。その媒体に触れた瞬間に想像する内容が驚くほどちがってくる。雑誌×「黒いリンゴ」という条件は同じであるにもかかわらず。

それほどに、どういう雑誌であるか、は重要だ。

新しい動きを伝える雑誌。それを、既存の雑誌のスタイルに収めたとたん、新しさが失われる。だから雑誌そのものが新しいものでなければならない。

創刊を決めた段階で、それだけははっきりとわかっていた。

問題は、どうすれば「これまでにない雑誌」ができるか。

再び、頭を絞り出す日々が訪れた。そのとき、結果的には、雑誌好きで生きてこなかったことが生きたような気がしている。あくまでも本好き。雑誌に走ったことはほぼない。その本好き感覚がよみがえったのか、創刊号の巻頭にこう記した。

「最初から最後まで読める雑誌をめざします」

これを実現するためにも、自分なりに新しい編集方法に挑戦した。ちょっとかっこつけているキライはあるが、「編集後記」を引用してみる。

＊

私は、いまの出版の状況を、「実験の時代」ととらえている。内田樹先生が、本誌のなかでこれからの農業について述べられた状況とよく似ているように感じる。「生身の身体をその矛盾の間に投入することによって、肉と骨をきしませて折り合いをつける以外に手だてがない」。この言葉はそのまま出版業に当てはまる。もしかすると、出版、農業にかかわらず、いろんな産業において言えることかもしれない。
いずれにせよ、そういう思いから、この数年、「実験」の手をくりだしつづけている。

（略）

ただの雑誌にしたくない、という思いが湧いた。この間の「実験」がどれも「未来」の出版を切り拓くという意思からくりだしたように、今回の雑誌づくりにおいても同様でありたい。それで、「公開会議」を開催することにした。「これまでにない雑誌」をつくる第一歩は、これまでにないミーティングから。というわけで、六月十一日、京都オフィス一階の畳の間に、二十名以上の人が「寺子屋　これからの本、これからの本づくり」と題した催しに集まってくれた。実に多くのいろんな企画が飛び出した。「お米が付録の本」「匂いのする本」「どこに何が書いてあるかわからない本」……。
翌日、参加者からいただいたアイデアがこんなふうに結実した。
「台割のない雑誌づくりをしよう」

編集の仕事をし始めて最初に学ぶのが「台割」である。それは、雑誌・本づくりの航海図であり、羅針盤であり、航路を示したものであり、航海を共にする人たち（デザイナー、スタッフ、校正者など）との共通語である。どれひとつ欠けても航海ができないように、台割なしには雑誌づくりは不可能。そう、教わる。私も、この日までそう思っていた。いや、思っていたというより、疑ったことすらなかった。けれど、はたして本当にそうなのか？

　今回の雑誌づくりは、「常識」への挑戦でもある。日常へ揺さぶりをかける行為である。限界と信じ込んでいたものを突破する試みである。自らの身体でぶつかり、限界を越えていくことなしに、出版は次の段階に進むことはできない。

　その結果が本書である。冒頭に目次がないのは、台割をつくらなかったためである。最後の最後までどうなるかわからなかった。

　では、台割という航海図をもたず、どういう基準で、あるいは何を支えに編集していったのか？

　今回にかぎっていえば、時の経過、時系列にしたがった。つまり、作家の方々から原稿をいただいた順、取材をした順に、掲載させていただくことにした。（略）私自身が、原稿を読み、取材先で話を聴くことで開けていった世界と同時にその先に広がる疑問というものを抱えて、次の打ち合わせ、取材へと赴いていった。その過程をそのまま残すことで、編集人である私が得た発見の喜びや爆発する好奇心の感覚をできるだけ「生」な状態で一冊に注入することを試みた。

「編集＝整理」という時代から、「編集＝発見」もしくは「編集＝生命の注入」という新たな時代へ。

そういう意気込みでつくった。

＊

その後、「ちゃぶ台」と命名された雑誌は、毎年十月に発刊を重ねる。年に一回、「生命注入」編集を雑誌づくりでおこなうことにしたわけだ。ちなみに、「ちゃぶ台」という誌名は、自社にちゃぶ台があるからだ。あるのみならず、会社の中心をなしている。創業まもない頃、小道具屋で買ったちゃぶ台を囲んで、昼食はもちろん、企画会議やらあらゆるミーティングをおこなっている。ちゃぶ台あっての出版社。と言えなくもない。そういうこともあり、メンバーの総意で命名された。

創刊の特集は「移住のすすめ」「今までにない就活」であった。このふたつを別々に取材していき、取材順に誌面では並べた。翌年の第二弾以降も、関係のないふたつを特集におくという方針をとる。第二弾は「食×会社」、第三弾は「教育×地元」をふたつの視点に据えた。

第二弾の「会社」特集は、哲学者の鷲田清一先生から以前に、「companyってことばは、もともとcom（一緒に）pan《パン》を食べる、というところから来ている」と聞いたことに端を発する。たしか、鷲田先生に取材をしていただいたときに聞いたのだと記憶している。二〇一三年頃、共同通信での連載で、おもしろいというか変わった人たちを取材されていた。そのコーナーで、なぜか僕たちに白羽の矢が当たった。

ちゃぶ台を見つけた先生が、「これか〜。このちゃぶ台を囲んで企画会議したり、みんなでご飯食べたりしてるんやろ?」と訊かれた。

「はい!」と答えると、「それはすばらしい」と、先の「company」の原義を教えてくださった。「バラバラでいるより、食にあぶれずにすむ。そういう共同体の知恵としてcompanyが生まれたわけや」

目から鱗《うろこ》が落ちた。利益を追求する。そのために組織された集団とばかり思っていた。それ以前に、食を共有するための共同体としてあったのか。

しかし、ひとたび視線を周りに向けると、おかしな事態が進行しているように思えてならない。株価を上げるために売上をつくることに必死になったり、会社と個人を完全に切り分け、会社はあくまでもお金を稼ぐ場でしかなくそこで働く人たちとの時間なんて無駄でしかない、という思考が広まったり。

株主のための会社、売上がすべて、も、会社は生活のための手段でしかないという割り切りも、どちらもしっくりこない。

新聞を開けば、東芝、シャープといった国を代表する会社が粉飾決算、不正会計をしただの、しなかっただのと記事にある。周りの人たちと話しても、企業やお役所と仕事をするデザイナーさん、編集者たちが、「この五年ほどでものすごく劣化した」と声をそろえる。「現場に判断力がまったくなくなった」「上に相談してきますといって、必ず、中途半端な妥協案を強いてくる。いいものをつくるという前提がなくなった」「いい案が採用されず、みんなが納得する三、四番手の案ばかり採用される……」「機能不全ですよ」。

会社は実態として、もう、終わっているのではないか？

そういう疑問を数年くすぶらせた末の「会社」特集だった。

それで鷲田先生に今度はこちらから取材をお願いした。「ちゃぶ台」の第一弾「移住のすすめ」などを評価してくださった先生は、「わし、この地方という言い方が嫌いやねん」とおっしゃった。「もともと地方《じかた》って読むでしょ。町方に対しての地方。それを中央と地方という対義語にすりかえたわけ。今では、みんな地方の対義語を中央と思っているけどちがうからね」

再び、目から鱗が落ちた。

と、こんなふうに「ちゃぶ台」取材で落ちた鱗を拾っていけば紙幅が尽きる（便利な言い方だ）。

なくなく、先を急ぎたい。

というわけで、スリップ。

第三弾ができたとき、僕は次号の特集をすでに決めていた。

「菌」だ。

ぜったいに、菌特集にするぜ、と早い段階から公言していた。

それは、鳥取県智頭《ちづ》町のパン屋・ビール工房を営むタルマーリーさんの寄稿を読んで驚愕したためだ。

店主の渡邉格《いたる》さんはこう書いていた。スタッフの関係が悪いときは、麹《こうじ》がカビになる。逆にいいときは、いい天然麹ができる。ちゃんと菌はわかっている、と。それを読んで、はっとした。

人が麴菌をつくり、パンをつくる。そう思っていた。ところが、天然菌によるパンづくりをおこなう人たちのとらえ方はまるで違った。あくまでも、菌が主体。菌が人の気配や気分を感じる。いい気を感じたら、いい発酵をする。よくない気が漂うときは、発酵せずに腐敗する。人が菌をうごかすのではなく、菌が人をうごかす。この事実に驚愕せずにはいられなかった。

驚愕した僕は、その勢いのままに、菌に呑み込まれた。全身、菌に覆われた。かくして、菌が己の思考を司るに至った。

菌＝スパイ説

菌、すなわちそれスパイ。こう言えまいか。俺のなかの菌が反応する。

「間違いないっすよ」と俺に告げてくる。

実際のところ、お腹、ハラ、肚、あたりの何かが動いた気がしてならない。

「ようやく、気づいたかいな」

先ほどまでの菌とは違う、ずしりと響く低音ボイスの菌がハラあたりで話しかける。

「はあ〜あ、待ちくたびれた」

俺は、はっとして、腹を見る。すまぬ。ずいぶんとひどいことをしてきたものだ。

思えば、消臭、除菌の人生だった。トイレも床もお皿もぴっかぴか、洗濯物はまっしろに。

幼少から鼻のわるい俺は、年に一、二度ひどい鼻づまりを起こす。副鼻腔炎《ふくびくうえん》、いわゆる蓄膿症《ちくのうしょう》に近い症状に陥りやすい。そのたび医者に処方される薬を飲む。抗生物質というやつだ。そうして治る、治す。ああ、助かった。すっきり。毎年、くりかえしていたが、それが腸内環境にどんな影響を及ぼすかまで考えたことがなかった。

「全滅するんだぜ。大量殺戮《さつりく》。ジェノサイド」

親分的菌の重たい声が響く。

知らなかった……。抗生物質は、鼻の奥にたまる雑菌だけに効くわけではない。全方位に向かって攻撃をする。口から飲み込んだ薬は、腸内に棲息する何万種類、何兆個ともいわれる菌にも襲いかかるのだ。

結果、副鼻腔炎はたしかにおさまる。

だが同時に、免疫やビタミン類合成などのさまざまな機能を果たしている腸内細菌の多くが死に至る。死に至る薬。抗生物質は、腸内細菌から見ればまぎれもなくそうなる。

ということを、『あなたの体は9割が細菌』（原題『10% Human』）を読んで知った。

その内容に、脳よりも先に、腸が反応した。耳を澄ませば、腸は以前からずっとSOSを発していたのだ。俺は、その声を無視してきた。いや、あまりの鈍感さで感じ取れずにいた。

「これからはちゃんと俺たちを育てていけよ」

うん。とハラあたりに向かって俺は大きくうなずいた。齢四十を超えたおっさんになり、初めて、腸内にいる連中と会話ができるようになった。

なんてことをしているうちに湧き出てきたのが、菌＝スパイ説であった。

＊

古来、日本には忍者がいる。伊賀と甲賀。いずれも人里離れた山奥で幼少期より修行を重ね、厳しい特訓をくぐりぬけた者だけが、一人前の忍びとなる。当然といえば当然だが、忍術を使えぬ者を忍者とは呼ばない。

だが、現代のわれわれから見れば、それって忍術なの？　忍者なの？　という術がある。それは、現代における科学スパイといわれる類の術だ。

秘術・菌使いの術。たとえば、相手の屋敷に忍び込み、相手の弱点を調べる任務を担ったとき。自らの肉体を屋敷に忍びこませ、天井裏の節穴から覗く。なんてことはせず、菌を走らせる。どう走らせるか。そこが秘術といわれる所以《ゆえん》。たとえば、空気鉄砲にのせて打ち込む。そうして湯のみや食器に忍び菌を付着させる。相手方が湯のみや食器を使ったのを確かめたのち、再び空気鉄砲で、運び菌を打つ。運び菌は文字通り、運ぶ専門だ。湯のみにぶつかると、飛ばされてきた勢いを使って、ターンをし戻ってくる。その際、忍び菌をしっかりと連れて。むろん、忍び菌には相手方の菌がくっついている。こうして忍び菌がもちかえった菌を、菌使い忍者が分析。その分析法は、持ち帰った菌を自らのハラにとりこみ、腸内で育てたさまざまな忍び菌と会話をさせる。いうまでもなく、危険である。大なる危険がともなう。普通の者であれば飲み込んだ菌で死を招きかねない。だからこその忍者だ。仮に毒性のある菌をとりこんだ場合、すぐに毒素が体内に広がることはない。腸内で菌を棲み分けさせ、危険にさらされずに、分析後速やかに体外に出すことができる。それくらいできないと菌使いとはいえない。

こうして菌を分析することで、敵方のコンディション、心性まで読み取る。菌を使って敵方に毒を送り込むなんぞ朝飯前だ。

菌を自由自在に使える者。忍法のなかでも秘法といわれるほどの術を使える者は、伊賀、甲賀いずれにおいてもごくわずかにすぎない……。

おや、もしかすると、あの「死せる孔明《こうめい》」は、菌のなせる業だったのではないか。西暦二〇〇年頃、三顧の礼で請われ劉備玄徳《りゅうびげんとく》の片腕となった諸葛《しょかつ》孔明。後漢の末期、乱世につかの間の平和が訪れた。それを可能にしたのは、魏蜀呉《ぎしょくご》三国による均衡の時代だ。最弱国だった蜀の台頭がこれを可能としたのはいうまでもない。その台頭の陰に諸葛孔明の戦略があったのもまたしかり。しかし、その後、曹操《そうそう》が逝き、玄徳の義弟関羽《かんう》が去り、玄徳までも長逝する。孔明は魏との戦いを決し、幾度も挑むも決着つかず。最後と期して軍を率いた西暦二三四年、戦い半ばにして病に倒れる。自らの寿命を悟った孔明は、最後の作戦を授ける。それが、等身大の孔明像を乗せた車を走らせるというものだ。強敵・司馬懿仲達《しばいちゅうたつ》をして、「なぬなぬ。孔明はまだ生きておるのか」と思わせ、心理的に優位にたつ。迂闊に攻撃をさせないためのまさに最後の一手だ。こうして、現代にまで残る、「死せる孔明、生ける仲達を走らす」の逸話を生む。

この高名な戦略にまで新解釈を加えたくなった。実は、等身大人形がリアルだったというのにとどまらないのではないか。いや、そのリアルさを実現させていたのは、精巧につくられた人形のかたちにくわえて、そこに菌があったからではなかろうか。実際の孔明の菌。肉体は死せども、孔明を司る何万、何兆という菌が人形に移植されていた。その意味で、孔明もどきが台座にあったわけではない。孔明その人がそこにいたのだ。

紀元前から文明をリードしてきた中国の忍びの業をもってすれば、けっしてむずかしいことではなかっただろう。うむ。

なるほど、そんなふうに考えていけば、日本の場合もきっとこんなケースはあるにちがいない。関ヶ原だって……。

ちょっとひどいよね、とわれながら思う。歴史と科学、どちらにも失礼だよ。

だが、どうしても書きたかったのだ。書きたい欲の赴くまま書いてしまう。これが、編集者不在の怖さだ。

抑制がきかない。諫《いさ》める人がいない。

その好例だな、と僕のなかの編集者がつぶやく。

いざ、秋田へ！

＊

「ちゃぶ台」の第四弾の特集は「発酵」に決定。その時点で、ある人物に登場してもらいたいと思っていた。小倉ヒラクさん。彼のデビュー作『発酵文化人類学』がちょうど僕が菌にのめりこむ頃には、かなりの話題作となっていた。発刊そうそうに、一読。だが、その時点では「ヒラクさんっておもしろいなあ」と思う程度だった。それが、菌にとりつかれた後に再読すると、な、なんじゃこれはー、おもしろすぎやんけーー、ともはや田舎のヤンキーだか似非《えせ》京都人だかわからぬ感想が口につく。ヒラクさん抜きで、次の号はありえない。

そう思うに至った。

ちょうどその頃、まったく別の流れで京都でイベントをしましょう、と二〇一七年の終わりに藤本智士《さとし》さんと話していた件が動きだす。藤本さんは「Re:S」という、日本の田舎と呼ばれる場所のこぼれおちた価値を再発見する雑誌をたちあげた人だ。一歳年上の先輩編集者でもある。

日程が決定し場所を確保。すると、その情報を藤本さんからたまたま仕入れたヒラクさんが、「行けるかもー」と言ってきた。山梨に住みぶどうを栽培し、自分の発酵ラボで活動するヒラクさんが、その前後に関西にいるという。願ってもない！　というわけで二〇一八年四月九日、京都の恵文社で、藤本、ヒラクの両氏と鼎談《ていだん》イベントを一緒にすることになった。

結論からいうとその日、僕は「菌、菌、菌」を連呼することになる。勢い余って、菌＝スパイ説の一端まで話してしまう。

お客さんからしてみれば、生煮えのおでんを食わされるようなものだ。トークイベントに来たら、突然、たんなる妄想にすぎない仮説を熱く語られる。やばい、あやしいイベントに来てしまった。僕が話し出した時点で、そう思った人たちも多かったにちがいない。

僕だって、料理人の端くれだ（比喩です）。お客さんには、おいしかったといってもらいたい。

自己満足の食を給するつもりはない。とはいえ、僕が出す料理だけでは、あきらかに料理未満のものである。その自覚はさすがにあった。ということはつまり、僕の目算では、この生煮えをおいしく調理、味付けしてちょうだいね、二人で。という愛ある丸投げのつもりだった。

案の定、藤本さんは、「うわー、出たミシマ君の暴投や」とか言って、テーマである雑誌づくりの話に結びつけようとしてくれる。さすがは藤本さん。と思っていたら、ヒラクさんがこっちを飛び越えるタマを投げてきた。実は、ヒラクさんとちゃんと話すのはこの日が初めてだった。まさか、ヒラクさんがボケに対してボケでくるとは、想像だにしていなかった。

「これは最近出された説で、まだ実証されたわけじゃないんですが」と、菌スパイ説を凌駕する菌世界征服説のような話をくりだしてきた。完敗。

その帰り道、藤本さんが言った。

「ミシマくん、菌特集するんやったら絶対秋田こな」

「そうですよ！」とヒラクさん。

「いつ来れる？　セッティングするで」と藤本さん。

「当然来る」前提で二人が話を進める。この日まで秋田に行くことなど想像すらしていなかったのだが、ふたりがそれほど言うならという気に急になった。

で、翌月。五月二十一日には秋田にいた。いっさい予定を決めずに身一つでとりあえず降り立った。

なにせ藤本さんと一緒なのだ。

そもそも藤本さんと初めて出会ったのは、二〇〇八年五月にまでさかのぼる。突然、「明日、行っていい?」という電話があり、翌日の土曜日、自由が丘オフィスへとやってきた。雑談をし、何枚かの写真を撮っていった。そうして後日、気づけば、そこで話したことが記事になっていた。

ノーアポ、取材っぽくない取材……これぞ藤本流。

藤本さんのやり方は、こういうもの。と、すっかり自分のなかで定着した。それだけに、今回の旅は藤本さんに全面的に任せようという気になっていた。

東日本大震災の後、神戸に拠点を置きつつ藤本さんは、秋田通いを始める。たまたま訪れたとき、現地のフリペーパーづくりにかかわることになったためだ。おそらく、ちょっとかかわる、なんてことは藤本さんにはできない。がっつり自分がやるか、まったくやらないか。中途半端にかかわり、中途半端なものになるのが許せないのだ。半端ない責任感の持ち主。藤本さんは、そういう人だ。

結局、編集長を務めることになり、その雑誌名を「のんびり」とした。秋田は高齢化率日本一だが、見方を変えれば、人口減少時代の最先端を走っている。つまりNonビリ（ビリじゃない）。あとになって思えば、台割を決めない雑誌づくりの先行者は「Re:S」であり「のんびり」だった。東京にはない豊かさを地方と呼ばれるところに求めるという価値の置き方も、両誌に似ている。自分では「発見した！」と思っていた「ちゃぶ台」づくりの手法や発想は、後追いでしかなかった。無意識のレベルで藤本さんの仕事は僕に影響を与えているのだろう。

そんな藤本さんとの久しぶりの仕事。しのごの考えてもしかたがない。大船に乗ったつもりでいこう。

文字通り、どこに行くのかも知らず、訪問先の予備知識ゼロの状態で秋田に着いた。

秋田空港に着くと、「のんびり」編集部のYさんが迎えに来てくれていた。東京からの便で先に到着していたヒラクさんと合流し、一同を乗せた車は秋田空港をあとにした。

「ミシマくん、今から行くのは五城目町《ごじょうめ》ってとこなんやけどな」と藤本さんのレクチャーが始まる。

「福禄寿《ふくろくじゅ》っていう日本酒の蔵元があってね。そこがすごいのは、醸造酒中心だったのを純米酒メインに替えるんやけどね」と始まった話ののっけからつまずいてしまった。

「藤本さん、ごめん、醸造酒ってなんですか？」

一瞬、車内がしんとした。きっと全員が心中、おいおいそんなことも知らずに秋田にきたのか、つうかお前ほんとうに発酵特集するのかよ、とつぶやいたことだろう。

藤本さんは、「あのね、そこ、案外けっこうみんな知らへんねん」とやさしく受け止めてくれた。やさしい……。

ところで、何を隠そう僕は日本酒が飲めない。飲めないこともないのだが、飲むと必ず二日酔いを起こす。二十代のころ、何度か飲んだが、翌朝がつらくてまったく使いものにならなかった。それで自然と避けて通るようになっていたのだ。

「ミシマくんって日本酒飲まへんのやっけ?」

「はい、二日酔いするんで」

「俺もそうやってん。けどね、今日飲んで。騙されたと思って飲んでほしい。俺も日本酒は二日酔いするからって飲まへんかったんやけど、秋田の日本酒飲んでみたら、ぜんぜんっ。まったく酔わへんから。ほんまに!」

「へー」というほかない。

「たぶん、ミシマくんが飲んだの、普通酒、醸造酒やったんやろね。日本酒は大きく、普通酒と純米酒に分けられる。普通酒とか醸造酒っていわれるのは、液体アルコールを添加したもの。純米酒は、お米を自然発酵させてつくったもの。よく吟醸っていうでしょう。あれは、お米の切り具合のことで、大吟醸がお米のおいしいところだけを残して、玄米の部分を一番きりとったやつ。発酵のやり方のことじゃないねん。みんな吟醸がおいしいと思っているけど、それはあくまでも好み」

なるほど。藤本さんの話を聞き、漠然と「日本酒」としか見ていなかったお酒が、急に意味をもって立ち現れた。人生で初めてウルトラマンに出会った三歳の男の子みたいなものだ。世の中にはヒーローというものがいる。そのなかには、ウルトラマンという名のヒーローがいる。かっこいい!と興奮していたら、セブン、レオ、エース、ばかりか、ウルトラの父、母までがいる。えっ、ティガ、ゼロ、タイガ?? いったい、何人ウルトラマンはいるの? ウルトラマンはひとつじゃなかった!

総称としてウルトラマンと呼んでいたヒーローには、さまざまなウルトラマンがいた。そしてそのひとつひとつに異なるバックグラウンドがある。茫漠とした世界を文節することで、かたちと意味をもった世界が立ち現れる。分節化することで世界はかえって深みが増し、広がりをもって迫ってくる。

日本酒レクチャーは僕にとって、分節化の一歩となった。

だが、それはほんの序の口にすぎなかった。一時間後僕は、そのことをまざまざと実感することになる。

どん底

一九九七、八年だったと思う。京都市左京区。その頃大学生だった僕は、夜な夜な友人宅を訪れては、缶ビールや酎ハイを片手に、見るともなしにテレビを眺めていた。いろんなニュースが飛び交っただろう。今となってはほとんど記憶にない。

だが、ふしぎとふたつのニュースだけははっきり印象に残っている。

ひとつは、「日本経済はバブルがはじけたあと、長期の不景気がつづいています」とアナウンサーが語ったとき。近くでこれまた聴くともなしに聴いていた友人が、ぼそりと言った。

「不景気、不景気って言うやん？　あんまり俺ら変わらへんことない？」

「そやなぁ」

と答えつつ、思いを巡らせた。たしかに、「景気が悪くなった」とニュースで聞くたび、それは自分たちとは遠いところの話にしか思えなかった。景気変動のビフォーアフターでまったく変化がないのだ。ずっと貧乏。だけれど、毎日なんかしら食べてはいる。おそらく明日の食事も困らない。ただ、贅沢品を買う余裕はまったくない。それで十分。いい服を着て、いいものを食べて、高級な生活をする。それさえ望まなければ、ある意味、じゅうぶん贅沢に暮らしていける。

心底、そう思って生きていた。

もうひとつは、ふいに耳に入ってきた「日本酒業界がきびしい」というニュースだ。ワイン、ウイスキーなどの洋酒やビールに押され、年々、シェアを失っている。「このままでは日本酒が消えてしまうかもしれません」。

そのときもまた友人がぼそりと言った。

「日本酒、なくなるかもしれへんって」

「ふーん」

と唸《うな》る以外にない。とくに思い入れがないのだ。こちらの気持ちを見透かしたように、「たしかに、飲まへんもんな。日本酒」と友人はつづけた。

うん。飲まない。飲んで、おいしいと思ったことがない。

言葉にこそ出さなかったが、「なくなっても、困らへん」と思った。どうせ飲まへんし。

自分が関係しないことはどうなってもかまわない。心のどこかでそう思ったわけだ。

この無責任な思いは数年後、わが身にブーメランのように突き刺さる。父親の商売が行き詰まったのだ。

父は京都の室町で修行を積んだあと、僕が小学二年生のときに独立。帯の卸業を自宅で営むことになった。しかし、まさにそれは斜陽産業。「ライトバンに反物《たんもの》を詰め込んで京都をあとにすれば、空っぽになって戻ってきた」と父は七〇年代初頭をなつかしんで言ったものだが、僕がたまに手伝った九〇年代終わりには、一反も売れずに泊まりがけで行った展示会から戻ってくるときもあった。そんなこんなで二〇〇〇年の早々に廃業。

あれから二十年経った今は、日本酒業界へ唾吐いたバチだったのではないかと思えてくる。だとしたら、父に申し訳ない。

なんて反省は家族内でしろよ、だ。

とにかく、日本酒との接点は大学生のときに小耳に挟んだニュース「日本酒業界は危ない」以来なかった。

そんな、どのつく素人が、どこに行くかわからぬまま連れてこられたのが、福禄寿さんだった。

福禄寿酒造——一六八八年創業、三百年を超える蔵元。日本酒ファンなら知らぬ人はいないと言われる名酒「一白水成《いっぱくすいせい》」。社長の渡邉康衛《こうえい》さんは秋田の日本酒を牽引する若き五人衆のひとり。この蔵を訪れる人であれば、これらは常識でしかない。そもそも、世間では今や日本酒ブームが起こっているらしい……。

まったく前提知識ないまま取材が始まった。それだけに、耳にはいる話すべてが目から鱗だった。

まず驚いたのは、一白水成は今や売れて売れてしかたがないという。「日本酒業界が危ないです」と、小耳にはさんだあの頃とは隔世の感がある。

日本酒は、もはや絶滅危惧「酒」ではないのだ。

しかし、社長の康衛さんは自らを戒める。

「これが普通だとは思っていません。どん底を知ってますから。むしろ、今が異常だと思っています」

現在の繁栄はなにも一朝一夕に築かれたものではない。まったく売れない時代があった。いつの日にか聴いた報道通りの事態が、この北国の老舗の蔵にも起こっていた——。

「東京からここに戻ってきたとき、大量の樽が積み上がっていました。売れずに出荷されない樽です」

どん底——。生産したものの、受注がなく、倉庫に眠ったまま。ものづくりをする会社、メーカーにとって、これほど辛いことはない。

需要と供給のミスマッチ。これこそ、自分たち出版業界が置かれている状態にほかならないのだ。

前知識もないまま偶然訪れた蔵だったが、今や身を乗り出して聞かずにはいられなかった。

康衛さんたちは、どん底をどう抜け出し、今の繁栄へと導いたのだろう？

「ピーク時が昭和四十七年。八〇〇〇石、今の五倍以上つくっていました」

昭和四十七年、一九七二年ということは康衛さんも僕も生まれる前だ。ちなみに康衛さんは、老舗蔵元の社長然という風格のもち主で、当然自分より年上だと疑わなかった。あとで知るのだが、僕より数歳下と判明し、驚くことになる。貫禄がちがう。

いずれにせよ、日本の高度成長期と軌を一にするかたちで、福禄寿の生産もピークを迎える。大衆向け普通酒を大量生産していたわけだ。

「そこからどんどん減ってきて。いまは一五〇〇石に落ち着いていています」

東京農業大学の醸造学科卒業後、康衛さんが戻ってきたのは、二〇〇〇年初頭。その頃には、売上減とともに生産量も五〇〇石ほどに落ちていた。完全に事業が立ち行かなくなっていたという。

つくっても売れない。

しかし、大量生産するためのオートメーション化だけは進んでいる。蔵に帰ってきて三、四年目、わずか一カ月で仕込みが終わってしまった。当時が「一番キツかった」と康衛さんはふりかえる。

どんどんつくれてしまう。しかし、つくったところで売り先がない。三百年以上つづいた蔵をこのまま閉じるしかないのか？

康衛さんは、悩みに悩んだ末、大英断をくだす。

普通酒から純米酒へ。

「この地で先祖が酒造りを始めた意味を考えました。その頃、ほとんどつかわれなくなっていた麹室《こうじむろ》で天然麹をつくる。その麹をつかった酒造り。機械ではない、職人による酒造りをもう一度することにしたんです」

いうならば、手間暇をかけるものづくり。当然ながら効率は下がる。生産量も下げざるをえない。人のかかわる時間が増える分、コストもあがる。それはそのまま価格に反映せざるをえない。

「そりゃ反対もありましたよ」。苦笑いしつつ康衛さんは言った。

結果は、ご覧の通りだ。

大衆酒から高級酒を主体とする蔵へ切り替える。そこには、生産量を三分の一ほどに減らす、価格を上げる、蔵の生産工程そのものを見なおす、これらを同時におこなわなければいけない。

川にたとえれば、長年の流れを止め、ちがう流れを導くようなものだ。下手すれば川の水が絶えてしまう。その危険を冒して舵を切ったのだ。

その後も、新しいやり方を探求しつづける。

ひとつは、日本酒造りには向いていないとされる軟水から硬水に切り替える。このときも「先祖がここで始めた理由」を問い直した。

「三百三十年もここでやらせてもらっているのは、初代の彦兵衛がここでこの水（硬水）に出会ったから始めたんだよなって信じて。だから今は全部この水でつくってます。『一白水成』のコクや甘みは、この水からきてるんじゃないかって思いますね」

康衛さんの話を聞いて、いろんなことがつながった。秋田に着いてすぐ、藤本さんから日本酒レクチャーを受け、自分のなかで分節化が進んだ。日本酒ひとつとっても多岐にわたっていることを知る。その実例が、目の前にある。添加アルコールを使う「画一化」から、本来向かないといわれる地元の水を使用し、天然麴を手間暇かけてつくるという「多様性」へときりかえた。ただし、肝は、多様性へのきりかえにとどまらないことだ。複雑で、多様化した味をひとつのお酒へとまとめあげる。自然の生命力あふれるだろう雑多で多様な菌を殺すことなく、また菌のほうも酒全体の味を乱さない。逆に、それぞれが生き、調和がとれる。これって、あらゆる商品、組織がめざすところではないか。これを可能にするには、たいへんな技術と知恵を要するだろう。

流通面においても、方針を変えた。

「かつては卸を通して小売店へ流していました。それをやめて、蔵から直接、小売店へ送ることにしたんです。店舗数は減りましたが、どこのお店に自分たちの酒が置かれているかもわかるし、お店の声も聞けるし、変えてよかったと思ってます」

これを聞いて思わず、「あ、そこは僕たちも同じです」と言ってしまった。「僕たちも取次という卸を通さず書店さんと直取引の営業をしています」。ようやく共通点を見出せ、嬉しさあまったのだ。

そして、つづけてこう言った。

「康衛さん、今日のお話すごくおもしろかったです。正直、自分たちの出版業界よりずっと進んでいるな、と思いました」

話を聞いているあいだずっと、日本酒を本に置き換えて聞かずにはいられなかった。いま自分たちが切実に必要な実践を目の前にいる人は先行しておこなった。

すると、康衛さんは「いいえ、ミシマさん、ちがうんですよ。自分たちは舵を切るしかなかったんです。それくらいどん底で、追い込まれていたんですよ」

自産業にないもの

秋田からの帰路、カクテルをシェイクしたように頭のなかがぐるぐるに回転していた。いや、なにも日本酒を飲みすぎたからではない。藤本さんの言うとおりだった。しこたま飲んだ（飲まされた）が、まったく二日酔いしなかった。

いまは、しらふのまま脳が震えている。これほど脳内を揺さぶられたのはいつ以来だろう。僕たちがまだ変われていないとすれば、まだどん底を見ていないからか。まだ余裕があるからなのだろうか。

はたして、余裕があるうちに、舵を切ることはできないものなのか。

きっと福禄寿が、秋田にあることも大きい。日本の人口が減少傾向に入ったのは二〇一〇年代だが、秋田県の人口減は一九五六年から。約半世紀も先を行く。一刻も早く、秋田の先達から学ぶべきだろう。

僕たちの出版業界は、売上は九二年がピーク。以来、年々微弱ながらも順調に右肩下がり。生産点数はそれでも伸びつづける。今では年に約七万〜八万タイトルが新刊として出る。大量生産を地でいく業界だ。

福禄寿の場合、康衛さんの代になり、生産量ピークのときから純米酒路線へ切り替えるのに、約三十年を要した。これと同じ日数が舵切りに要るとすれば、業界が変わるのは、二〇二二年頃だろうか。それとも、九九年をピークとすれば、二〇二九年。十年以上先か……。それまで、もつだろうか。零細出版社も書店も。読者の気持ちも……。

うん。いったん業界のことは置こう。

よくはないのだけど、まずは自分たちだ。自分のことを棚にあげて全体を語っても始まらない。説得力のもちようがない。口だけと言われるのは癪《しゃく》だ。

と思って福禄寿さんの例と照らし合わせてみると、悪くない感じがしないではない。

出版点数は業界平均よりはるかに少ない。以前いくつかの出版社の年間出版点数をカウントしたところ、社員ひとりに対して年間三冊の新刊が出ている。ひとり出版社であれば年間三点、十人であれば三〇点以上、三十人の会社は約一〇〇冊が出版される。会社を維持するための適数が、社員×3。

一方、自社は社員×1で推移してきた。六人のときは年に六、七冊だったし、近年は約十人のメンバーに対し約十冊を出版している。

そう考えれば、康衛さんが「生産量を三分の一にした」と言ったが、もとよりそのやり方をとっていたといえまいか。

また、卸を通さない「直取引」も同じだ。

おっと、自画自賛に近くなってきてしまった。いかんいかん。すぐに図に乗ってしまう。

康衛さんの話を聞いて震えたのは、なにも彼我の共通点を見つけて安心するためではない。

むしろ、この何年にもわたって僕を悩ませてきた問題の核心に触れた気がしたからだ。

それは何か。

もう一度、問いを立て直して考えてみたい。

自社と福禄寿さんでは、いったい何がちがうのだろう?

うーん。

質?

それを言われるとつらい。一冊入魂を謳い、どの本も「おもしろい」と信じて出している。

その思いには間違いないが、一白水成にはかなわないでしょ、と言われたら反論のしようがない。最終的には、おもしろいやおいしいは、計測不能だ。

だが、待て。中身においても、比較、計量する基準がないことはない。

そうだ。それは、素材の中身だ。福禄寿でいえば、「水」「天然麴」。

何を使って、つくっているか。そこは、比較可能なはずだ。

鍵は、天然であること。だろうか。

だとすれば、完全にアウトだな。デジタルと比較すれば、紙のほうが自然物に近いように見えるかもしれない。だが、実態は化学薬品を使用してつくられた紙ばかりだ。すくなくとも、商業出版で使われる本文用紙、表紙、カバー、帯どれをとっても化学薬品を使っていないものはない。各地で工場見学をして、よくわかった。お酒でいえば、普通酒、醸造酒といえるだろう。

あ。

今日の話で印象に残った言葉があったんだ。それは、「ご先祖」。康衛さんがたびたび口にした言葉がこれだった。

ごせんぞ。

もちろん、自社にはない。自分が創業者なのだからそれはしかたあるまい。だが、僕たちの業界にはないものだろうか？

そうだ。

そうだった。

二週間前の五月の初旬、同じような思いに駆られたのだった。

秋田市内に向かう車中、僕の目の奥には、そのときの光景が広がりだす。

深い緑と木漏れ日に光る若緑。美しい木々が点在する広い空間に立ち、見上げると、山を背に立つ社殿、そこに至る石段が見える。荘厳たる神社だ。

福井県越前市にある岡太《おかもと》神社。初めて訪れたこの神社で僕は、秋田の蔵で受けた衝撃に勝るとも劣らない気づきを得たのだった。

後編

日 本 の 「 紙 の 出 版 」 事 情

1. 紙の書籍と雑誌の市場規模は、
   1996年をピーク（2兆6〜7000億円）に現在では
   約半分の売上（約1兆2360億円、2019年時）に縮小。
2. 書籍の出版点数は、約7〜8万点。
   96年は、約6万点。返品率は40%前後を推移。
3. 1999年には約2万3000店あった書店数は、
   現在では約1万1000店。

第四章
神様はいずこ

執筆期間：
2019年7月
〜2019年10月

紙がない！

ここまで書いたあと、状況が一変する。「パルプ・ノンフィクション」という企画の根幹を揺さぶる事態が起こったのだ。

紙がない。

二〇一九年に入り、幸いなことに新刊本が順調に売れていた。一月に刊行した『胎児のはなし』、三月刊の『数学の贈り物』がともに、増刷。それも、今後何回も増刷できそうな勢いある売れゆきをしている。よしよし。出版社を経営する者として、ほっと胸をなでおろす瞬間だ。

そんな折、印刷所の営業さんから電話がかかってきた。

「ミシマさん、本文に使っている用紙が入手困難になりまして……」

寝耳に水とはこのことだ。

ときおり、こころが弱くなったり、疲れがたまると、その原因を出版業が陥る苦況に見出した。デジタル・デバイスの襲来。ＡＩに職業を略奪される恐怖。こうした外的要因を挙げることがあったのは、これまで記したとおりだ。

すこし疲れが抜け、その最低な視野狭窄《きょうさく》状態を抜けると、自分たち側への反省が訪れる。「パルプについての記録」で書いたように、製紙会社の講演で、「紙の良さ、すばらしさを読者にお伝えする努力を怠ってきた」と述べた。つまり、紙の出版物の危機とは、まだまだある可能性を追ってこなかったことにある。こうとらえてさまざまな「紙の本」を出した。

実際、自社のケースでいえば、この四、五年は、「紙でできることの挑戦」の期間であった。二〇一五年五月にシリーズ「コーヒーと一冊」を創刊し、「薄い本」に挑戦。スマホに慣れた人たちに、「読み切れるページ数」として一〇〇ページ前後で仕上げた。

また、雑誌「ちゃぶ台」の製本は、デザイナーの矢萩多聞さんのアイデアで、背がむき出しのコデックス装にした。背が閉じられていないため、パカッと一八〇度本が開く。すると手でページを押さえなくても読める。手放し読書。身体行為が思考に影響を与える。とすれば、両手を離して読む読書という行為は、思考の幅を揺さぶるのではないか。ばかりか、背には紙の束(正確には一折一六ページの束)がむき出しのまま、ぎゅっと束ねられ、「ちゃぶ台」の文字が浮かび上がる。折の背にすこしずつ印字しておき、束ねたときに文字になる。理論上はそうなる。印刷所のKさんからは、「文字にならない可能性もありますが、本当にやりますか?」と印刷直前に電話があった。僕は、「はい、責任はこちらでとるので、やってください」と伝えた。その理論上に賭けたわけだ。そうしたら見事に「ちゃぶ台」の文字が出てきた。後日、和歌山の高校生の女子二人が「ちゃぶ台」を読んだといって京都のオフィスに来てくれた。「どうしてこの雑誌を手にとったの？」と聞けば、「背がかっこよかったから」と即答。うーん、こういうことがあるのか。背がむき出しの雑誌はこれまで基本「なし」だった。だけど、それをやってみたら、若い人が反応した。紙の可能性はまだまだある。と再確信した試みとなった。

また、この間、最大のヒットとなった『今日の人生』（益田ミリ著、二〇一七年刊）は大島依提亜《いであ》さん装丁なのだが、本自体が、プレゼントのような存在感を放っている。そのひとつの理由は、本文がピンク、ブルー、ミドリの三色プラス黒の四種類でできていることにあるだろう。ただし、実は紙の種類は二種類。白と黒のふたつなのだ。おいおい、さつき、ピンク、ブルー、ミドリの三色だって言ったでしょうが。というツッコミはごもっともで、たしかに三色なのだが、それは白い紙にそれぞれの色を刷って、それぞれの色に見せているためだ。さらに漫画のコマは、全体より濃度を下げた色でうっすら刷っている。つまり、紙の地色と漫画のコマやセリフにスミを使った二色刷だ。黒の紙のページは、夢を描いたページで、銀色一色で刷った。夢という異界の感じがそれによって見事に出た。

挙げだせばきりがないが、このように、紙でできる本づくりの可能性を追求してきた。

ところが。

紙がない。肝心の紙が手に入らないというではないか。

その電話を受けた翌週、寄藤文平さんの事務所を訪問する機会があった。こうたびたび訪れるのは、装丁を依頼することが多いからはもちろんだが、寄藤さん著の本を進めているからだ。タイトルだけはかれこれ八年前から決まっている。『レジェンド伝説』。この本の打ち合わせのために訪問するのだが、しばしば、書籍の打ち合わせではなく、こういう話になるのだった。

「ブンペイさん、紙が手に入らないんです。装丁してもらった『胎児のはなし』『数学の贈り物』の本文用紙『オペラ・クリアマックス』のシリーズがぜんぜん手に入らなくなって」

「そうなんですか？」

「そうなんですよ。原因は、昨年（二〇一八）の西日本集中豪雨の影響らしくて。広島、山口方面の輸送手段が復旧してないため、生産量を落とさざるをえないようです」

「そっか。どこかが買い占めたんですかね」

「どうでしょう？　それはまあしかたないとして、四月に出すある本に使う本文用紙の紙が、秋頃になくなるという連絡を受けました。生産中止となると」

「うーん、なんかおかしいですよね。これまでも紙の統廃合はあったんですけどね。そのたび通知や相談があったと思うんです。けど、なんの連絡もなく、生産中止が決まっていっている。それって、工場を閉じるということじゃないかな」

「そ、それは困りますね」

「うん。困る。それか、百あった種類を十種類とかに絞るんじゃないかな」

「だとすれば、死活問題です。紙の選択肢が狭くなれば、僕たちがやってきたことが根底から覆されます」

創業以来、絶版本を出さない代わりに、電子書籍化を一冊もせず、紙の本に特化してやってきた。それは、紙の本と電子書籍を比べるのはそもそもおかしい。比べものにならないくらい紙で表現できることは豊かだと思ってきたからだ。

「こう信じられる前提として、日本の製紙業界がつくる紙の多様さがあったわけですよね。製紙会社の方から、ヨーロッパで多彩で多様な日本のファンシーペーパーが人気だと聞いたことありますし。なのに、その自らの強みを捨てようとしている。このままいけば、文字通り、紙か電子か、になってしまう」

「そうですね。紙で読む本、電子で読む本。紙で読む本といったとき、書籍用の紙は一種類しかなく、ただ紙の本であるにすぎない。どんな紙かという選択肢がない。そうなりますね」

「いやぁ……困った。どうすればいいんでしょう」

「どうすればいいんでしょうね」

水面下で進む紙の生産中止。その先にある工場閉鎖……。もう、あきらめるしかないのか？

いやいや、あきらめるのはまだ早い。出版社として、何かできることはあるはずだ。

いちばん困るのは、ブンペイさんとの対話でも挙がったように、「紙の本」といったときの紙がただ一種類、あってもせいぜい数種類しか選択肢がない事態に陥ることだ。

たしかに、紙の本ではある。だが、その本にふさわしい紙かどうかを問う余地がなくなる。紙に刷って読むか、電子で読むか。その違いだけ……。

どんな紙で読むと、書かれた文字がもっとも作品として引き立つか。

そうした選択肢が作り手側にないことになる。

実際、現在進行するオンデマンド印刷は、それに近い。出版物の印刷はこれまでのところオフセット印刷といわれるものが中心である。現在でいえば、完全データで印刷所に入稿することが多いが、そのデータをアルミ板にプレス。さらにそれをブランケットに転写し、印刷機からインクを載せて刷る。

オンデマンドはデータから直接印字する。それにより、小ロット印刷が可能になった。一〇〇部ほどの印刷もできる。「品切れ重版未定」、いわゆる絶版を防ぐことができる。絶版は、デッド在庫を抱えたくない出版社の事情の現れだ。動かない在庫を大量に抱えることは出版社にとって小さくない経営負担になる。この数年とみに、痛いほど感じてきていることだ。

創業期に掲げた、絶版をつくらないという方針。その思いは、読者が「読みたい」と思ったときに、「どうぞ」といつでも本を届けたいから。出版社側の都合で、欲しい本が手に入らないという状況をあまりにしばしばつくってきた。読者に「なーんだ」と思わせ、「残念……」という気にさせた。読みたいときに読めない。そのことが、本離れの一因となったのでは？こういう思いもあり、在庫が切れたら増刷をして、絶版にしないようしてきた。だが、創業から十年を超え、そろそろ痩せ我慢の域を越えつつある。

在庫が切れたので、一五〇〇部増刷したものの、そのまま一五〇〇部が残る。そんな本は一冊や二冊ではない。

こうした例が、仮に年に一冊ずつ生まれ、十年たまるとどうなるか。動かぬ在庫が、一五〇〇〇部、常時倉庫にあることになる。

創業十年を超えた今では、初期のころに出た本の在庫が減ってきてはいるが、増刷するにはリスクが高い。年間、十数冊くらいの実売なのに、在庫が減ったという理由だけで一五〇〇部増刷したら、結局、十年後の在庫は一〇〇〇部は残るだろう。それでもする（刷る、「絶版にしない」をする）か？という問題だ。

ちなみに、増刷単位が一五〇〇部なのは、それくらいでないと、原価率が合わないからだ。仮に、本体価格一五〇〇円の本のばあい、一〇〇部をオフセットで刷ると、タイヘンなことになる。原価率90％とかになりかねない。うちのように書店と直取引している出版社は、残り10

%から販促代、広告費、人件費だけでなく、商品の発送料までまかなわなければいけない。刷れば刷るほど大赤字……。

だから、オンデマンド印刷で、一〇〇部ほどの単位で増刷できたらたいへんありがたい。出版社にとって長年の念願成就となる。それが実現しなかったのは、印刷のレベルがオフセット印刷と比べ、はるかに劣るものだったからだ。ところが、この数年、ずいぶんと改良され、一部ではオフセットと遜色のない印刷ができるようになった。ある文庫出版社では、すでにずいぶん使っているらしい。オンデマンド印刷の進展たるや目をみはるものがある。

ただし、使える紙の種類はかぎられている。紙でその本の個性を出すのがむずかしい。和服仕立てか、ワンピースか、Tシャツ&短パン姿か、本に応じて、もっともしっくりくる装いを選び、さらに、そこからどんな素材のどんな柄かを考えて、選ぶ。書店に置かれている本たちは、そうした過程を経て選ばれたオートクチュールを身にまとっている。ところが、紙が一種類しかないと言われると、すべて体操服を着せられて置かれるような感じがしてならない。それでも、「ない」よりずいぶんまし。だが、現時点では自分たちはまだ採用する気になれないでいる。

表紙、カバー、本文用紙、すべて、出版社仕立ての装いで届ける。そこに価値を見出しているからだ。

かち？

そうだ。価値だ。勝ち、ではない。バリューだ。価値だ。

あまり、価値づけとか、ブランド価値とか、そうしたことばは自分には縁遠いことばだと思い、遠ざけてきた節がある。

価値などと大げさなこと言うなよ。価値を出そうと思って本をつくるんじゃなくて、つくりたいからつくる。それだけのことじゃないか。

これが自分の率直な思いだ。

ところが、いま、価値、と書いてしまった。

無意識のなせる業だ。けれど、この無意識のなせる業にこそ無自覚の本音があると言えなくもない。

きっと、僕は「紙」にこだわっているのだ。あれほど、「こだわり」がよくないと、合気道で教わっているというのに。無意識というやつは怖い。

いずれにせよ、紙がない、ときた。Tシャツ&短パン、ワンピースかスーツか、和装か、ワンピースならどんな色か柄か肌触りか。そんな選択肢は消えた。

いま手を打つべきは、自分たちがよく使う紙の廃盤、生産中止を防ぐことだ。一度なくなってしまったら、二度と再生産されることはない。なくなる前に手を打たねば。

なぜ、生産中止となるか。と考えたとき、製紙会社の採算が合わないことがまっ先に挙げられよう。ならば、供給側の採算が合うロットの発注を出版社側がしていかねばならない。

もちろん、うちのようなちいさな会社一社では無理だ。

というわけで、いくつかの出版社に掛け合ってみた。東京出張のたび、紙確保行脚をした。お会いする方々一様に、「生産中止がどんどん起こっているとは、知らなかった」という答えだった。「たしかに、このままじゃよくありませんね。情報共有していきましょう」

ある中堅出版社のばあい、よく使う本文用紙は、年間契約をして大量ロットで発注しているケースもあった。すべての中堅出版社がこうではないだろうが、紙がない、このことの打撃が即影響するのは、一冊ごとに紙を発注する小出版のほうがはるかに高そうだ。また、文庫をもつ中堅出版社では本文用紙を共通のものにしよう、という動きがある。

てなことを行脚で知った。

各社、ちゃんと連携しているんだな。

京都にいて、鴨川のほとりで、「うーん、未来の出版はこっちだ！　薄い本をつくるぞ！」「背表紙むき出しじゃ！」なんぞと空想、夢想しては実践。出版の中心地・東京を離れて実験するばかりでは落っことしてしまうことがある。情報は大事だ。

とまあ、至極当然な結論に至った。

至ったと同時に、執筆のほうが急展開する。いくつかの出版社の方々と話す過程で、Mさんに出会ったのだ。

Mさん、現る

Mさんと会ったのは、これが最初ではない。四年前、彼女が新卒で入社してしばらく経ったタイミングで会ったことがある。社長さんとは、年に一度、食事をご一緒する間柄なのだが、「勉強のため連れてきました」と紹介されたのがMさんだった。書店さんでの研修を終えて、編集部に配属になってまもない頃だった。

そのときの印象は、とにかくお酒に強い。たしか、居酒屋の娘さんだと聞いた記憶があった。正直、ほかには覚えていない。それほどにくいくいと飲んでいた。

今回もそこは変わらない。が、編集者として、すごく成長されたのが、手にとるようにわかる。そのとき自社の営業イケハタが参加したのだが、二人とも、目をみはる成長ぶりだ。とまあ、自分を棚にあげ言っているわけだが、若い人たちと働いていて、彼ら彼女らの伸びを間近で見るときほど嬉しいことはない。って言うけど、成長って何？　どうしてわかるの？　もちろん数値化はできない。どこがどう、というわけではないが、話の端々に血が通う、こちらの発した言葉が深く浸透する。パスが通じる。会話のやりとりを通じて、そうした成長はちゃんと伝わってくるものだ。その成長を実感できたとき、若い人たちと仕事をしていてよかった、と心底思える。

翌日、Mさんからもらったメールを見て、さらに確信は高まる。僕がなんとはなしに話した「合気道」についての話のなかに、うちの会社の刊行物とのつながりを見出してくれていた。それが嬉しかった。

その嬉しさは、「そのとおり」という嬉しさがひとつ。くわえて、もうひとつ、そこはあまり誰もわかってくれないだろうから、といつしか期待しなくなっていた話を拾ってくれた点にある。とりわけ会社のメンバーには、どうせ通じないよ、とどこかであきらめがちだった。ところが、Mさんは、そこを拾ってくれた。実はこの数年、他社の編集者数人に、同じ話をしたことがあったが、ほとんど誰も気にとめなかった。

俄然、テンションが高まった。むろん、この人とならかたちにできるのではないか、という期待が膨らんだ。

そもそも、その日Mさんは、社長にたまたま会い、たまたま空いていたので来たという。その「たまたま」も流れではないか。と、いいふうに解釈した。

善は急げ、だ。高まった思いをそのままぶつけることにした。

十日後。東京・自由が丘の某喫茶店で再会した。

「こういうタイトルで書いたものがあるんですけど、読んでもらえますか」。そう言って序を手渡した。

（ああ緊張する）

逆の立場は慣れている。作家さんを前に、読む。読んで感想を伝える。編集者としては原稿をもらい読む、その瞬間ほど喜ばしいときはない。ただ、同時に、それがおもしろいかどうかの判断を誤ることもできない。自然、見方はきびしくなる。

何十回と作家さんを前に、読むことはしてきた。が、逆の立場はおそろしい。心臓が喉から飛びでるんじゃないか。という緊張に数秒、襲われた。しかし、緊張にすべてを呑み込まれるほどヤワではない。もはや。

逆の立場での場数の経験値が、冷静をもたらした。編集者がどう読むか。いったん預けてしまった以上、どうしようもないのだ。Mさんが気にいらないなら、あきらめるしかない。絶対的ジャッジは編集者のほうにある。ふだん、書き手の方々は自分のそのジャッジを信頼して託してくれている。いま、僕もMさんに対してできることは、同様に信頼することだけだ。と頭ではわかっていても、やはり緊張した。

じっくり読み、顔をあげるMさん。

そのときMさんがどう言ったか、正確にはおぼえていない。

というのも、「ぜひやりましょう」「つづきを読みたいです」としばらくして言ってくれた言葉にすべてもっていかれたためだ。

タイトル降臨、執筆開始からかれこれ五年。ようやく編集者とともに歩むことになった。

＊

Mさんの正確な年齢はわからないが、おそらく、二十代の半ばから後半だろう。

訊けば、Mさんが入社して以来、新卒の後輩はいないらしい。必然、一年目を終えても「新人」でありつづけることになる。

四年間、新人。

これは当人でないとわからないが、けっこう辛いにちがいない。と推察した。さすがに昔の体育会野球部みたいに、球拾い、声出しばかりということはあるまい。けれど、「一年生になった〜ら」と新入生である特別感を幼稚園の段階で意識。「二年生は一年生にやさしく。三年生は一年生と二年生の先輩です」、とかなんとか、学年をやたらと重視するのが日本の教育体制だ。学年にせよ、年齢にせよ、数字による差異化が、幼年期から社会人になる二十数年をかけて徹底的に刷り込まれる。物理的差別はなくとも、その厳然たる事実が壁をつくる。見えない壁がストレスを生む。そして、なにより成長の機会が減ってしまう。それがつらい。

これは自社で痛いほど実感することだ。今年（二〇一九）、新人の男の子が入ってきた。二年連続で新人が入ったことになるが、昨年の新人ノザキも「これまでは新人だから、と自分でも思いながら働いてきたけれど、それが今日から言えなくなる」と新人スガの入社日に語った。新人が入れば、いやが応にも、見えない壁が壊される。それにより、「新人」という逃げ口がふさがれる。ノザキは、一年目からかなりしっかりしていたが、その上のタブチは、彼の入社以降、新卒採用をまる二年しなかったので、新人時代を三年過ごした。そのあいだ、たっぷりと、「ぼく、新人なんで」を謳歌《おうか》した。ひとことで言えば、仕事への責任感がなかなか出なかった。ところが、スガ入社後、目をみはるほど変わった。けっこう、というか、超弩《ど》級のボンヤリ男子スガへのケアをおこなう。俺が彼を見てやるしかない、と思っているのだろうか。こちらがそう思ってしまうくらい、スガに対して温かい。慣れぬ者に手をさしのべる、その行為を通じて、タブチ自身の仕事が全般的によくなった。昨年の新人ノザキが優秀だったため、先輩ヅラをする機会を逸した分まで、がんばっているようにも見える。

ともあれ、Mさん入社以降、新人がいない。彼女の場合、タブチとちがい、新人であることに甘んじることなく、自覚して成長してきたのだろう。むしろ、見えない壁を打ち破るという難業を自らに課し、挑んできたのかもしれない。

実際のところはわからないが、話の端々から、業界の重い空気を吹き払う本にしましょう、というMさんの意思を感じた。

感じつつ、僕は最初の打ち合わせのときに言った。

「去年の五月に秋田へ行き、すごく大きな発見があったんです。それともうひとつ。同じ五月に福井県の越前に行ったんですけど、そこでも大きな発見があった。僕は、去年の五月を個人的に奇跡の五月と名づけているんです」

そう語り、前章に載せた「いざ、秋田へ」と、「かみ様を求めて」という話をMさんへ送って読んでもらうことにした。控えめに、けれど確信をもってこう言った。

「本書の核となる話だと思っています」

かみ様を求めて

出版の仕事にかかわってまる十九年が経とうとしている。

今年（二〇一九）で二十年目。なかなかの年数をこの仕事に費やしてきたことになる。

ところが、だ。

その存在を知ったのは昨年である。装丁家の名久井直子さんと雑談をしていたとき、「あ、そうそう、ミシマさん、岡太神社に行ったことある？」と突然、尋ねられた。

「おかもと……いえ、行ったことないどころか、初めて聞きました」

「でしょ、みんな知らないんですよね。わたしも、一昨年まで知らなかった」

そう言ったあと、名久井さんが口にした言葉に文字通り、目を見開くことになる。

「紙の神様を祀《まつ》っているの！」

え、え？　神の神様。それって同語反復じゃない？

「紙。ペーパーの紙。びっくりでしょ」。名久井さんは、知る人ぞ知るアイドルの秘密を分かち合ったような笑顔を浮かべた。これを知った以上はあなたもこっちの世界の住人ね。そう言わんばかりの表情だった。

「ええ、びっくりですね」

と答えたのは、名久井さんの圧に押されたからではない。心底驚いたのだ。

正直にいう。

その瞬間まで、紙の神様のことなど考えたことがなかった。

デジタルと比較して、紙は神だ、なんてこと書いたことはある。だけど、自分たちの業界の神様がいる。そのことにまったく想像がおよんでいなかった。

しかし、すこし考えれば当たり前のことではないか。

船乗りは住吉大社へ、酒の蔵元は松尾大社へ、受験生は北野天満宮へ、サッカー選手は白峯神宮へ。焼き物は火の神を祀る愛宕《あたご》神社へ。僕たちは、当然のように目的別に訪ねる神社を替えている。

だが、自分たちの産業である出版業の神様など、ついぞ耳にしたことがない。ざっくり商売繁盛を祈念して伏見稲荷に参拝したことはあれど、ピンポイントで自産業の神様を参ったことなど一度としてなかった。

これもひとえに、わが怠慢のせい、とまずは反省をしてみた。

だが、紙、印刷マニアといっていいだろう名久井さんでさえ知らなかったのだ。印刷・製本所などをめぐった『紙ものづくりの現場から』の著作まである。その彼女ですら知らなかった。

自身をふりかえってみる。

新人だったころ、先輩たちに「おい、小僧。ちゃんと紙の神様に参拝したか」なんてことを言われたろうか。ない。ただの一度もない。


「小僧よく聞きな。俺たちが、こうして飯を食えてるのは、本を買ってくれる人たちがいるからだ。な、そうだよな」

「……は、はい」

飯を食えてるって、そういう言い方やだよな。とかなんとか思いながら若かりし僕は聞いたことだろう。

「うむ。俺たちが食えているのは本を買ってくれる人たちがいるからだ。で、だ。ここからがたいせつだ。本を買ってもらえるということは、本をつくることができているから、だ。な!」

「そうですね」

「だ、な。本ができないことには買うことすらできない。つまりは、俺たちが日々食えているのは、本をつくることができているから、だ。な」

たしかに、そうなりますね。間違ってはいないけれど、面倒臭い、まどろっこしいことを言うおっさんだ。

「ここがたいせつだ」。それさっきも言っただろ、と思いながら聞くしかない。

「いいか、よく聞きな。本をつくることができるのは、なぜか？　小僧、考えたことはあったか。あ？」

「いえ、ありませんでした」。正直に言うしかない。

「そこ考えなきゃ！」と一喝。聞かれて、率直に答えたら、叱られる。ある意味、予想通りの展開だ。

「あのだな、編集者をやっていると、勘違いするやつらが多い。ベテランでもけっこういるんだ。自分たちの企画力で本ができている、と思うやつ」

なるほど。とそこは思った。

「あの本、俺が作ってんだけどさ」

何人かの先輩がそう語るのを聞いたことがある。

「けど、それはちがーう！

断じてちがう。本ができているのは、書いてくれる人がいて、それを印刷する人がいるから。さらにさらに。そのおおもとには、印刷する紙があるからだ。

紙なくして出版なし。

だから、紙の神様へ参拝しなきゃいけないんだ。この仕事にかかわる者の通過儀礼だ。とりわけ小僧みたいな新米は絶対に参拝しないといけない」

神様ならぬ紙様か。たしかに、これを持ち出されたら反論するのはむずかしい。受験の前には「どうか合格を」と祈り、父が病気したときには「どうか平癒を」と念じた。節目節目で、神頼みをしてきた身。自分がこれから身を置き、ましてそこで活躍しようと思うなら、そこの神様に頭を下げ祈るのは避けては通れまい。

「これから紙の産業に携わらせていただきます。どうかよい仕事ができますように。こんなふうにお祈りするのがスジってもんだろう。あ？」

……。

新人の頃、こんなことを言う先輩がいたら、素直に参拝しようと思えただろうか。

まあ、小僧と言われた時点でむかっときただろうな。けれど、心のどこかに、こんなふうに言われたい思いがあったことは否定できない。もちろん、こんな先輩はいなかった。こういう先輩を想像したのは、新人時代の数人の先輩たちを重ね合わせた結果だろう。そのキャラクターに、父が修行した、「小僧（丁稚）、手代、番頭」制の古き会社像が自分のなかに、ある種、理想となって生きているからと思われる。父が亡くなって以来、多分に、父が経験したことを理想化するキライが出てきた。

父への憧憬はさておき、入社早々に、紙の神様の存在を教えられ、そこへ無理にでも行かされていたら、と思う。人知を超えたsomething greatに触れる。そうした体験があったなら、どれほどよかったろう。つくづく、今はそう感じる。

切実に思うのだ。

なにか見えない大きな存在に守られている。その感覚がないと、仕事で結果が出たら、すべて俺の手柄、俺の実力になってしまう。

成果主義が蔓延したとき、そっちに思いっきり流されたのは、あるべきものがなかったから。恐れ慄《おのの》くもの。そうしたものがあるだけで、たやすく「自分さえよければいい」とはならずにすむのではないか。「そっち」へ流される歯止めとなるまいか。

先祖とのつながり、先達《せんだつ》からの継承。その流れに今、自分がいる。いま、自分もその流れの一部になろうとしている。

このような感覚が、エゴの暴走を抑制する。

すくなくとも、自分の仕事が神事のひとつである。そう感じることができれば、悪事を働こうという意識が薄れるではないか。日々を謙虚に働こう。自然とそう思えるだろう。

いや、神事とは大げさだ。ただ、神様であれ何か大きな畏怖の対象であれ、よくわからない何かのもと、長年、商売をつづけてくることができた。形式ではなく、心の底から実感できたら、人間、横着はできないのではないか。たとえほんのひと粒の実感であっても。一攫千金《いっかくせんきん》を求めてやる、「俺の実力でここまできたんだぜ」と思い上がる、私個人だけの幸せのために会社を利用してやる……、こんなふうにはなるまい。

「ミシマさん！」

かようなわが空想は、名久井さんのひとことでばっさり打ち破られた。

「今年のゴールデンウィーク、その岡太神社の千三百年大祭があるんですよ。千三百年ですよ！」

和紙の里にて

千三百年前といえば、西暦七一八年。藤原不比等《ふひと》が「養老律令」をつくった年らしい。「古事記」の編纂が七一二年と言われる。

日本で最初といわれる書物ができるころに、彼の地では紙漉《かみす》きがおこなわれていた。そういうことか。

なんの知識も入れず、京都から名神高速道路に乗り、車を走らせた。二時間半後の五月三日午後三時、越前は岡太神社へ到着。

近づくにつれ、ああ、ここか、と期待に胸が膨らんだ。いかにも「和紙の里」然としているように見えたのだ。

訪れたこともないのに、「然」ってなによ。と自分でも思うが、そうとしかいえない感じをたしかに受けた。

大きな鳥居の手前からそのずっと先にある岡太神社へとつづく参道はベージュ色に舗装されていて、歩き心地がいい。その両脇には民家と和紙づくりの工房や関係会社が軒をつらねる。

黒っぽい木造の平屋が多い。和紙の里然といったのは、規格が統一されているわけではないが、和紙でこの町はできている、生きているという自負を空間全体から感じたからだろう。それは、テーマパークとはちがう。観光客向けに「それっぽく」した空間ではなく、それで生きる人たちの生活が息づく空間。そうした空間だけが、醸し出す「然」を感じないではいられなかった。

その中心をなすのが、岡太神社・大瀧神社だ。

山の麓にどっしり座るその空間に身を入れた瞬間、心身ともに浄化される。新緑に包まれ、森の精霊たちが駆け回っているんだろうな。そう感じずにはいられない生気と、荘厳さの両方が満ちている。

三日間の越前滞在で経験したことをざっと列挙しておく。

五月三日　午後三時半より、湯立の神事。

五月四日　午前九時半より、例大祭。紙能舞、紙神楽を見学。

五月五日　午前十時より、後宴祭。渡り神輿
　　　　　午後、民芸館で手漉きの実演を見学。

今回の千三百年大祭は、毎年のこの時期の祭りと違い、一日多い四日間おこなわれた。五月二日の奥の院から神輿で御神体をお迎えするところから始まった。また、神輿も例大祭用の大きなものが使われる。ちなみに、例大祭は三十三年に一度と五十年に一度のふたつの周期で開催され、今年の例大祭は、五十年に一度の周期のものだった。三十三年に一度の大祭は、前回が二〇〇六年なので、次回は二〇三九年となる。

僕が目にした最初の神事は、湯立の神事といわれるものだ。大釜に煮立つ湯のなかに笹を浸し、その笹を神官、修験者が参拝者に振る。熱湯の粒がぴしゃ！　あ、熱い、火傷する！　と思って待っていたが、振られる前には温度が下がっているようで、全然平気だった。何滴か浴びただけなのに、不思議と、心身が浄められる気がする。

翌日の朝は、紙能舞、紙神楽を見学。

紙能舞とは、少女による無言舞である。ひとりの少し歳上の少女が素材を渡し、年少のひとりの少女が紙漉きをする。その手順を空で実演するのだ。

実際には素材もなく、紙漉きの機械があるわけではない。ただ、二人の少女の動きからは、い、いい、そこにあるとしか思えない。紙が漉かれ、一枚一枚、折り重ねられていく。その様子が手にとるようにわかる。実に厳《おごそ》かかつ可憐な時間が流れていった。

次に、十数名の少年たちが神殿の前の舞台へ上がる。「回れ右、礼！」といかにも学校体育で教わった動きを見せたのは、神事に似つかわしくないように思えた。おそらく、生徒の意思ではなく、教師か誰か大人がそうさせたのだろう。その後に歌ってくれた「紙漉き唄」は見事だった。

一　湯の花神事の紙漉き舞は
　　手漉きの手技の紙神楽
　　手漉きの手技の紙神楽

　この時点では、この唄を紙漉き職人の本人から聞くことになろうとは思いもよらなかった。翌日、たまたま訪れた民芸館で、紙漉きの実演を見る機会を得た。そこに立っておられたのは、紙漉き実演を終えたばかりの女性だった。聞けば、中学を出たあと十六歳から紙漉きをされているという。彼女（推定七十四歳）が、たぶん知り合いだったのだろう、あるおじさんに「歌ってよ」と請われ、照れつつも、唄を歌い出した。その唄が、少年たちが前日歌った「紙漉き唄」だったのだ。少年たちの愛くるしさとは別次元の響きが蔵のなかに広がり出す。歌い出したら、先ほどの照れはどこへやら、凜とした姿が美しい。美しさに目を奪われていると、やがて見事なまでの美しい哀調が胸に飛びこんできた。とりわけ、この箇所を歌うときの響きは格別のものがあった。

四　嫁を貰うなら紙漉き娘
　　仕事おはでで色白で
　　仕事おはでで色白で

五　辛抱しなされ辛抱が金じゃ
　　辛抱する木に金がなる
　　辛抱する木に金がなる

六　朝の一番だてどしゃらと思うた
　　これがしまいだてありがたや
　　これがしまいだてありがたや

七　神の授けをそのまま継いで
　　親も子も漉く孫も漉く
　　親も子も漉く孫も漉く

八　紙の習いじゃ来ておくれるな
　　お目がちりますじゃまになる

お目がちりますじゃまになる
九　七つ八つから紙漉きなろて
ねりの合い加減まだ知らぬ
ねりの合い加減まだ知らぬ

自分のこととして歌っておられる。そう感じないではいられない。とても厳かで透明感ただよう響きに包まれ、目頭が熱くなった。

ちなみに、その高齢の女性が唄を聞かせてくださったあと、若手の女性による紙漉き実演を見ることになる。その方がまた、じつにキップのいい女性だった。手際よく、原材料を釜のなかへ入れる。それをかき混ぜ、かき混ぜ、彼女は言った。

「和紙は千年もつ。そう言われるのは、これ、コウゾ、ミツマタを叩いた原料ととろろ（トロロアオイ）を練料にしているから。けれど、洋紙は百年も経てば、ボロボロになるでしょう。あれは、化学薬品を使っているからです」

和紙は洋紙とはちがう――。

女性のきりっとした言葉の端々に、和紙づくりに携わるものとしての堂々たる自負がにじみでていた。

この瞬間、ようやく、自分たちの産業が「洋紙」産業にあることに思い至った。

そうか、そうだったのか。

紙、とひとくくりにしてきたが、そうじゃなかったんだ。

僕たちがふだん、読んだり、つくったりしている本に使われる紙は洋紙。あくまでも、洋紙という種類の紙であって、いま目の前でつくられている紙ではない。

紙の神様の存在をこれまで誰からも教わらなかったのもむべなるかな。

得心。

しかし、得心それ安心ではない。

洋紙と和紙はちがう。そのことに気づいて初めて、恐るべき事実が顕在化したのだ。

神様はいなかった……。

僕たちの産業には、神様も、紙様も、ご先祖様もない。過去と切り離されたところで、ふわふわと時代の流れにさらされながら、僕たちは仕事をするしかない……。

＊

ここからいよいよ未来へ向かっての動きと思考を担当編集者とともに追っていきたい。

そんな意思をもって、原稿を送った数日後、Mさんと打ち合わせをした。

「これからの展開が楽しみですね！」

なんてことを言ってくれるのかしら。

あわい期待を抱き、その場に出向いた。あとになって思えば、ようやく編集者を得て、まだ浮足だっていたのだろうと思わざるをえない。

編集者は全能の神でもなければ天使でもない。まったくもって、そんなことはない。むしろ、ときに鬼と化す存在である。

しばらく雑談をしたあと、うつむき加減にMさんは言った。

「絶望じゃないですか」

（えっ）

「神様もいないうえに、産業は行き詰まっている。もう、絶望しかないじゃないですか」

「い、いや。そんなことないですよ。今から光が見えてくるんですよ」

「うう。なら、早くそれを書いてください！」

とここまではっきりと言われなかったかもしれない。だが。甘えを残した書き手には、どすっと脇腹にひとつきされたような痛みが走った。

そうだ、書くしかない。書いてから見せるしかない。こんな中途半端なところで見せて編集者を不安にさせてどうするのだ。

ようやく執筆の覚悟がこの瞬間できた。

苦節変節はや五年。

結局のところ、覚悟ができていなかったのだ、な。うん。

第五章

キンダイの超克

キンダイの壁

二〇一八年五月、越前で和紙の神社を参拝、秋田で日本酒の蔵を訪問。

越前では、自らの産業が洋紙産業であったことを今さらながら知る。秋田では、効率一辺倒による拡大路線に行き詰まりを感じた十六代目蔵元がご先祖のやり方に回帰することで、新たな道を切り拓いていた。

活路は、先祖にあり!?

とすれば、自分たちの産業にとって、回帰する範囲は近代以降、わずか百五十年ほどにすぎない。洋紙産業の興りは、当然、明治以降であるのだから。

このふたつの出会い、この気づきを「奇跡の五月」と個人的に名づけた。奇跡と呼びたくなるほどの衝撃だった。

奇跡の五月と呼ぶのは、大きな前進を感じたからにほかならない。自分たちの産業の行き詰まり、壁の正体がわかった。わからなかったものが実感とともにわかった。これほど大きな前進はないだろう。

実際、積年の疑問がいっきに氷解したのだ。

積年というのは、僕がこの業界に入ってからだから、かれこれ約二十年の疑問だ。

出版不況。本離れ。

こうした言葉で片づけられてきた業界周りの話は、「今」という点で見た状況にすぎない。江戸時代からの流れのなかに「今」を位置づけてみると、とたんにとらえ方が変わる。

一歩目から間違っていた――。

和紙産業と切り離されて、日本の出版産業が興《おこ》ってしまった。欧米から入ってきた出版モデルを真似するかたちで、洋紙を使う出版業がほぼゼロからたちあがった。調べてみれば、明治に入ってすぐの頃は、約六万八千か所もの紙漉き工房があった。一九三〇年代でさえ、一万軒以上あったようだ。それが、現在では数百の工房が残るのみ。

出版とのつながりがあれば、ここまで激減することはなかったのではないか。

和紙との断絶は一例にすぎないが、こうした過去との断絶が近代産業の歪《ゆが》みとなって今に出てきている。

近代？

そうだ、近代、だ。

このとき生まれて初めて、歴史の教科書か何かで知った「近代」が、自分まで地続きのものとして実感できた。つい、自分は現代に生きていると思っていた。が、現代は近代以降の社会の枠組みのなかに含まれる。そのことに意識が及んでいなかった。

そして、その近代の枠組みが限界にきている。企業の不正や機能不全する会社を目撃するにつれ、「ちゃぶ台」第二弾で「会社」特集を組んだ。背景には、このような大きな時代の流れがあったといえる。

二〇〇〇年代初頭、先に述べたとおり、グレーの世界をいやがった僕はいっとき成果主義へ流されそうになった。会社や地域といった共同体の利より、個人の利益最優先。そういう流れが力をもったのも、近代以降の極端な個人主義、人間中心主義といった流れから派生した歪んだ余波だったのかもしれない。

こうしたことを考えたとき、なぜかはわからぬが、わが脳内に押し寄せてきたのは、カタカナ表記の「キンダイ」だった。

徒弟制、封建制、悪しきパタナリズム、こうした一切を排したうえで受け継ぐべき知恵や技術や作法が前キンダイにはある。

すべて、自分が従事する産業がキンダイ以降に興った。その一点に行き着く。

出版点数のあくなき増大（年間の新刊刊行点数七万〜八万部）、それにともなう返品率の高さ（40％）、書店の利益率の低さ（約20％）。具体的には、構造・枠組みそのままに、力ずくで伸ばそうとする動き、数打ちゃ当たると言わんばかりに一点当たりの営業労力を極端に下げとにかく出す点数主義。伸びるものも伸びない悪循環。何年経っても、止むことのない「出版不況」の呼び名。

すべては、近代が効率性、生産性だけをひたすら追求した結果の綻《ほころ》び……。

問題が起こるたび近代の手法で対症療法的に解決しようとすると、また別の問題が生じる。そんなイタチごっこをつづけてきた。

近代という枠組みを固定した状態で、行き詰まりや問題が生まれ、問題が問題を呼ぶ。さまざまな改善がくりかえされては、結局、なにも変わらない。あるいは得する人がAという集団からBに変わっただけで、行き詰まりそのものはなくならない。

近代的枠組みの内部だけで、解決をはかるかぎり、同じことなのだ。

ならば。

その枠組みを超えればいいだけのことじゃん、と思えた。じゃん、と思えたのだ。

前キンダイにまでさかのぼり、「何か」を拾い上げ、現代に生きる酒をもたらした日本酒業界。一方、壁にぶつかったとき、キンダイ以前にヒントや知恵をもとめるルートを断ち切られたわが業界。

この彼我の差をどう埋めていけばいいのだろう？

どうキンダイの枠組みを乗り越えるか。

これを考えるには、そもそもキンダイの枠組みがどういうものかを見る必要がある。

と、考えたとき、次のような絵が脳内に流れた。

アスファルトの上の積み木

「コケコッコ〜」

と鳴いたかどうかはわからない。

いずれにせよ、キンダイの夜が明けた。

科学、医療、法制度、教育、生産工程……あらゆる分野でこれまでの常識が刷新された。どどっと押し寄せる西洋文明を、急速かつ大量に取り入れ吸収しなければならない。一部は、おそらく殖産興業、富国強兵の名の下におこなわれた。

その過程でそうとうな「無理」があったのは間違いない。川に流れる水の量にはかぎりがある。同じく、ひとつの会社が一度に吸収できる量には限界があろう。

当然、それ以前にあった優れたいいものを捨てざるをえなかった。二兎追うもの一兎も得ず、いったんしかたなく置いてきたものもあったはずだ。

「これ、けっこう先祖代々の技術なんだけど」

「親方、いまはしかたないっすよ。それにこだわってたら、外国、いや自国であれ他社に全部もっていかれちゃいますぜ。今は一刻を争います。西洋のすぐれた技術を導入したところが天下を握る。一台機械を導入できれば、これまでの生産性の百倍上がるわけですぞ」

「わかっておる。だがこの家が二百年つづいているのも、この秘伝のおかげ。それを捨てるわけには」

「親方、ですから、いったん、置くだけです。捨てるわけではけっしてなく」

「んだな。先祖には申し訳ないが。いつか、事業がおちついたらまた取り入れるようにするかrな。必ず」

「ええ、そうなさいませ。そのためにも、はやく、西洋の技術を習得しなければいけませんぞ」

「んだ、んだ。わかっとる」

親方と番頭のあいだで、こんな会話がかわされたのではなかろうか。

だが、月日は流れ、ひとたび違う慣習が日常化し常態化すると、もとに戻ることはむずかくなる。

「いったん」は、いとも簡単に永遠となる。

和服の生活へ逆戻りすることを、少し想像するだけでいい。茶道や日本舞踊など和の芸能、芸事をいっさい触れたことがなくて、和服を自分でささっと着れる人はどれほどいるか。ほとんどいないのではないか。

フンドシしかり。よく言われるように、パンツは身体に悪い。とくにゴムのはいったパンツは身体の感覚を落とす。輪ゴムを腕に巻きっぱなしでいると、じょじょに鬱血《うっけつ》する。ゴムのパンツを穿《は》くのは、その鬱血状態に気づかずにいるようなものだ。が、重々頭ではわかっていても、フンドシに切り替えられない私がいる。というか、すぐに自分で巻けない。素材が何か、何がフンドシになるかすらわからない。

かように、日常で継承されなくなったとたん、技術は簡単に途絶えてしまう。

仕事における技術や知恵も、同様だ。

なにも、仕事そのものを持ち出すべくもない。掃除ひとつとっても言える。

数年前、新人の男の子に、「クーラーのフィルターを掃除してもらえる?」と頼んだら、「内部クリーンのボタンがないのでできません」と即答された。思わず絶句した。雑巾をつかう、掃除機で吸い取る、など、すこし考えればわかりそうなことができない。

だが、そんなもんなのだ。

便利に一度慣れると、それがなかったときのやり方に戻ることができない。その便利が身体にとって「いい」かどうかは関係なく。スマホを忘れたとたん、目的地にたどりつけなくなるのが人間だ。ほんのちょっと前まで、自力でたどりつくのが当たり前だったというのに。

むろん、親方と番頭の誓いなど、二世代経てばすっかり誰も覚えていない。むしろ、事業を引き継ぐことに汲々《きゅうきゅう》とし、事業拡大だけが至上命題と思ってしまう。そのプレッシャーに焦ってしまう。で、借金を膨らませてしまう。

こんな老舗が日本中で山のように生まれたのは想像に難くない。

こうしてすぐれた西洋文明をせっせと取り入れた結果、高度経済成長があり、世界有数の経済大国となった。

が、永遠拡大は夢でしかない。

成長曲線が下降線をたどりだすと、さまざまな歪みが顕在化することとなる。すぐれていたシステムや仕組みもいつかは制度疲労を起こす。人口は減少する。ものが売れない。そもそもあふれている。どころか、環境を傷めている。アメリカに次いでプラスチックゴミを遺棄する国は、太平洋の海を汚しまくる。云々。

＊

やや脱線気味になったが、こうした状況をどう抜け出るかが大きな課題となっている。自社のみならず、この国で事業を営むすべての会社がぶちあたる課題といえる。

で、考えてみると、ぱっとふたつのやり方が思い浮かぶ。

ひとつは、さらなるイノベーションによって乗り越えていこう、技術革新によってさらなる経済発展をめざそう、というもの。

たぶん、これが主流なのだろう。

固定電話が無線電話になり、ＰＨＳ、携帯電話の時代に。どんどん小型化が進み、カメラが搭載されるようになり、ｉモードなどパソコン機能の一部をあわせもつケータイが出現。ケータイでメールを打つ、記事を読むことが普及。活字を手のひらにのせて読む。新聞がなくなるんじゃないか、と言われたのもつかの間、スマホが出現。音楽再生、インターネット、動画、音声録音、スケジュールなど、さまざまな機能をもつスマホにおいて、もはや電話機能はほんの一部でしかない。イノベーションの果て、である。たしかに、テクノロジーの進歩にイノベーションは欠かせない。

ところで先日、ある会に呼ばれて、老舗の家族経営の事業を立て直した青年と出会った。その人のやっていることはおもしろかった。古きを生かして、新しきを大胆に取り入れる。まさに、イノベーションと伝統の融合といえる。ただ、彼のプレゼンで使われることばがひっかかってしかたなかった。

「イノベーションを起こすことです。イノベーションをくりかえせば、ブルーオーシャンはまだまだあります」

　イノベーション、ブルーオーシャン。こうした外来語を、なんの躊躇もなく使ってしまう。使うどころか、それが魔法の杖であるかのごとく用いる。

　外来語であること自体、なんら問題ではない。もとを辿れば、今使っている漢字だって中国由来のものばかりだ。奈良時代の頃の貴族たちは、最先端のことばとして漢語を使っていたにちがいない。ねえ、あんた、こんな言い回し知らなかったでしょ。ふっふっふ。当時は、ブルーオーシャンと同じく、血が通ったことばではなかった。それが風雪に耐えるうちに、自分たちのことばとなっていったのではないか。

　つまるところ、何かを突破するには、自分たちの新しいことばが要る。思考と行動の壁を覆すことばだ。それが現在では、イノベーションや、ブルーオーシャンなのだろう。

「さあ、イノベーションしてブルーオーシャンへ」。お寺でお守りもらって神社でお祓い。これで成功間違いなし。ちょっとした信仰のように用いられる。

　裏と表、正と誤、薬と毒、陽と陰。ありとあらゆるものには、二面性が備わる。というより、ある人にとっていいことは、別の人にとって不都合であり、ある人にとって「いま」いいことは状況によってそうでなくなる。イノベーションは、ときに大切だが、むしろそれが金科玉条の価値と振りかざされれば、破壊を招く元凶になりかねない。

ことばが無反省に使われだすと、そのことばがもつ、負の面、揺らぎが削がれてしまう。この場合、キンダイ以前に置いてきた「実はとっても大切なもの」を永久に放棄してしまいかねない。そんな可能性を微塵たりとも想像することなく多くの人が無自覚に使う……。

もちろん彼の問題ではない。これぞ、キンダイの成れの果てなのだ。ツギハギツギハギで、場当たり的に技術を導入し、変形させ、商品を開発し、ヒットし、またすこし時代に合わせて変形させ、ということをくりかえした。それは、上へ横へと、どんどん積み上げられた積み木のようなものだ。

積み木を置く場所そのものを、選びなおす。土台をつくりなおす。そうしたことがないまま、上に上に、とめざしてきた。イノベーションという旗印のもとに。

僕たち自身、このイノベーションの罠《わな》に陥っているかもしれない。

書籍の企画、売り方、あらゆる点において、会社をまわしていくために、ちょっと新しい、他社と違うやり方を考えては実践した。これまで述べてきたとおりだ。この実践の背景に、イノベーション信仰が皆無だったと言えようか。

＊

現代の行き詰まりをどう乗り越えるか。

そのもうひとつのやり方は、「今」のやり方の延長上に答えがある、改善していくうちに光が見える、という進歩史観とは一線を画するもの。このまま進むのではなく、一度、過去にさかのぼり、置いてきた何かを取り戻す。そういうやり方だ。

キンダイ以前の過去の知恵にまでさかのぼり、その知恵をもう一度、現代に生かす。

秋田で会った福禄寿の渡邉康衛さんは、まさにその実践者だった。

手間暇をかけ生産量を減らす。地元の水を使う。天然麹による酒造りに戻す。

類まれな感覚の鋭さと本人の勉強熱心さで、先祖の知恵にたどりつき、それを取り入れた。

ただし近代的なものを否定したわけではない。かつては難しかった生産量や品質の安定のために、科学技術も用いる。東京農大の醸造科を卒業した康衛さんは、おそらく、過去と現代の両方の技術と知恵を組み合わせて、今に生きるお酒づくりを生み出した。

そういえば、この五年間、僕がお会いし影響を受けている人たちは皆さん、そうだ。

「ちゃぶ台」を創刊する大きなきっかけとなった周防大島の訪問。そこで出会ったひとりが、農家の宮田正樹さんだ。土本来の力で作物が育っていく。そうした自然農法を不耕起《ふこうき》による畑づくりを通して実践されている。僕に「菌＝スパイ説」まで妄想させるきっかけをつくったタルマーリーさん。学問の分野でいえば、数学というものを通して真に新しい学問を切り拓こうとする独立研究者の森田真生さん、発酵をデザインするという視点から研究を重ねる小倉ヒラクさん。

迷走しつつ僕が惹かれた人たちはみな、過去に戻ることを厭《いと》わない人たちだった。勇気ある後退をした人たち。同時に彼らは、後退した場所にとどまらず、現代のいちばん風の強い荒地へ一歩を踏み出した人たちでもある。

いずれも、自然の本来の力を生かす営みをめざそうとしている。必然、彼らの仕事は土地に根ざすものとなる。

積み木を置く場を考えたとき、一見、アスファルトのほうが土より強度があると思える。だが、アスファルトそのものは強靭であっても、積み木とアスファルトの接続部分は断絶したままだ。どれだけ強い接着剤でくっつけようとも、「一体」ではない。

ところが、よく肥えた土に置いてみると、積み木と土のあいだにさまざまな菌性の植物が生じ、根が生えたかのように結びつくかもしれない。根が生えるどころが、上へ横へと育っていく可能性だってある。

生きた積み木になる。

いや、積み木だと思って積み上げていたら、気づけば大木になっていた。そんな可能性がないとは言えまい。

土地との安定感が生まれたうえに、積み木自体が新たな実りをもたらす。

その可能性を求めて、後退することを決意し、実践。そしてそこにとどまらず、現代の荒地へと一歩を踏み出す。こうした実践者に惹かれる自分がいるのは間違いない。

よし。僕たちも「そっち」をめざすのだ。と思うものの、ここで新たな問題にであってしまう。康衛さんのような老舗の場合、その手がかりが自社に眠っていた。先祖の知恵というかたちで。

だが、僕たちのような新しい会社の場合どうすればいいのか？

いったい、どこに戻り、何をもってくればいいのだろう？

キンダイ化の過程で落としてきた何かを拾ってくる。

僕たちの場合、福禄寿における天然麴にあたるのが和紙、と一度は思った。

純米酒が和紙、醸造酒が洋紙。

化学薬品を使い効率的に大量生産できる洋紙から、手間暇かけた天然素材でつくる和紙へ。

たとえば三〇〇ページの和紙の本をつくる。それはそれで「あり」かもだが、おそらく初版一〇部、価格は一冊一〇万円ほどになるだろう。うーん。そういうことなのか。それでいいのか。

和紙から洋紙に移り変わるときに落としたものは何か。それを知る必要はありそうだ（ちなみに、二〇一五年刊行の谷川俊太郎さんの詩集『あたしとあなた』は、本文用紙が機械漉きの和紙を使っている。初版五千部で価格は二〇〇〇円。ナナロク社、すごい！）。

だが、自分たち出版社はあくまでも紙を使うほうであり、つくるのが仕事ではない。福禄寿さんのように、前キンダイと最先端技術を融合させて、あらたな紙を生む。こういうとりくみを製紙業界のほうでぜひとも進めてもらいたいとは切に願う。

問題は、僕たち、だ。僕たちの本業は紙づくりそのものではない。

僕たち出版社にとって「先祖」にあたるものは何か？　前キンダイに置いてきたものとは何か？

その問いを抱えて、二〇一九年の年頭、今年は絶対にやるぞ、といくつかを誓った。

それらの実践を、各時点で書いた文章を順に読みかえしながら、前キンダイとの回路をなんとか見つけてみたい。

ワタナベ城を落とすのじゃ！　二〇一九年一月記す

今年こそ、と誓ったことのひとつに、十二年間、放置してきた「弱点」の克服があった。近代はおろか、中世のシステムまわりを、二十一世紀の現代にまで引き上げねばならない。と、じゃっかん気負い気味、息巻き気味ではあるが、誓ったのだ。こうした記述のあと、「力みすぎて、自らの足を踏んでつまずいたのだった」といった一文がつづくことが多い。だが、今回にかぎっては気負えども力みなし。事情を知る人であれば、「その気負いと息巻き、むべなるかな」とご理解いただけるにちがいない。

事実、中世の産物が社内にはびこっていた。

さかのぼること十二年前。現在最古参メンバーとして老獪《ろうかい》な動きを見せるワタナベが入社した。彼が入社した時点で、三カ月後には、書店との直取引による一冊目の本を出すことが決まっていた。編集作業は順調に進んでいる。が、無事本ができたとしても、その一冊を書店に流すルートがない。

倉庫会社と契約でき、取引書店もぞくぞくと決まっていった。

しかし、それだけでは本は流通しない。書店さんから受けた注文を伝票に起こし、その起票データを倉庫会社にメール。倉庫会社で納品書を打ち出し、その冊数通りの商品と冊数を梱包《こんぽう》してもらい、発送する。

「書店（注文）―自社（起票）―倉庫会社（梱包・発送）―書店（商品着）」

この流れが滞りなくおこなわれて初めて、出版社の活動が成立する。

取次という卸の会社を介さず書店との直取引をする以上、先の流れを自社で構築しないことには、本が流通しないのだ。

入社早々、ワタナベは日夜、その構築に励んだ。

直取引の先達であるトランスビューの工藤秀之さんに教えを請い、「伝票はどんな感じがいいですか？」「返品伝票はどうされてますか？」といった初歩的なことを訊きまくった。そうして、なんとなく自社の流れはこんな感じかな、というのをワタナベと相談し、それを実現するために倉庫会社が契約しているシステム担当の人と打ち合わせを重ねた。

で、とりあえず、できた。急ごしらえの流通システムが誕生。

直取引がどうにかこうにか始まった。幸い、一冊目として刊行した内田樹先生の『街場の中国論』もヒットした。

ほっ。

正直、私もワタナベもひと息ついた。この数カ月、無事スタートさせるためだけに息をつめて、動いてきたのだ。それが実現したいま、解放されたくなるのも当然だろう。

だが、そこに大きな落とし穴があった。歩みを緩めてはいけなかったのだ。始動した勢いのまま、改良を重ねつづけなくてはいけなかったのだ。

しかし、結局そうはせず、落とし穴にはまったまま、急ごしらえの「とりあえずシステム」を運用しつづけることになる。

そうして、十年が過ぎた。

当初、数人（つまり数冊）が数カ月住むために設えたプレハブの仮宿に、十年以上住みつづけたことになる。今では、数人対応の予定だったスペースに、一〇〇人以上（一〇〇冊超）が住んでいる。建て増しにつぐ建て増し、ツギハギにつぐツギハギをくりかえして。

ときおり、社外の人がこのイビツな建物（システム）を見ることがあると、「おお、これはめずらしや」と天然記念物に出会ったような感想をくださることがある。ひそかに私は、これを「ワタナベ城」と呼ぶ。「ワタナベの要塞」と言ってもいい。

要塞化が進行しだした十年前に営業事務募集をおこない、現在編集担当のホシノが入社する。

当時、「ふつう」の企業から入社してきたホシノは、当惑を隠せなかったらしい。

「まさか不気味な要塞で働くことになるなんて……」

侵入不能の要塞にひとたび足を踏み入れる。すると、そこで待ち受けていたのは、要塞あるいは城をギリギリのバランスで壊さず動かす極意の引き継ぎだった。

ワタナベ「はーーーー」

ホシノ「はー」

ワタナベ「よーーおおーーー」

ホシノ「よーぉ」

「ちがう！　もっと腹から声を出すのじゃ」。鬼のように厳しいワタナベの叱咤《しった》が来る日も来る日もこだました。さながら、能楽や歌舞伎の稽古が繰り広げられているような絵図であった。

わずか数年のうちに、その「とりあえずシステム」は完全にワタナベ仕様と化していた。ワタナベの身体と同化していたと言ってもいい。ワタナベの声にだけ反応する要塞ないし城となっていた。ワタナベ独自の操作によってのみ動くシステムが、ある意味「完成」していたのだった。

やがてホシノが編集に専念することになり、代わりに入ったHに引き継ぐことになる。いうまでもなく、ホシノは「正確に」引き継ぎをおこなった。

ホシノ「はーーーー」
H「はーー」
ホシノ「よーーおおーーーー」
いつしかホシノもワタナベの声を習得していた。いや、それ以上の声を出せるまでに至っていた。以降、三人の人間に「極意の引き継ぎ」がおこなわれた（なかには逃げ出す者もいた）。紆余《うよ》曲折を経て近年、再びワタナベが入城することになった。
「はーーーーあああーーーー」
ワタナベ流宗匠・ワタナベユウイチ。もはや、彼の右に出る者はいない。幾人もの声を染み込ませた城は、創始者の声を再び得て、近頃では独特の艶《つや》さえ帯びている。

忘れてはならない。

営業事務は伝統芸能にあらず——。

能楽でも歌舞伎でも文楽でもない。むろん、伝統芸能的であってはいけない。ある必要がない。営業事務とはいえ、出版のしごとはときに、同時代の人たちと伝統芸能を「つなぐ」ものであれ、伝統芸能そのものではない。それは本末転倒というものだ。日々、伝統芸能に勤しむ方々にも大変失礼でもある。伝統芸能が担う巨大な役割を引き受けず、ただ伝承の仕方だけをそれっぽくするなんて、論外でしかない。

今年、その要塞を崩し、現代のシステムを築くために、日本仕事百貨さんで採用を始めた。その採用ページのなかでワタナベは自ら語る。

「自分も取次会社にいましたし、ここで積み上げてきたものもあります。以前に比べたら(「とりあえずシステム」の運用も——筆者注)随分楽になっているんですよ。でもこんなに世の中が便利になったから、もうこんなふうに人力でやる時代じゃないと思うんです(笑)」

落城宣言——。自ら築いた城・要塞を、「古い」と一蹴。これにともない、「宗匠を返上し申す」とワタナベは私に言ったのだった。

一見堅牢そうなワタナベ城は、ワタナベの意思だけで支えられているにすぎない。城を背負い、なぜか裸姿で立ち支えている。実態はそんなものだ。指ですこし強くつつくだけで瓦解《がかい》してしまう可能性もある。宗匠にして城主にこれ以上の負担を与えてはいけない。

＊

かくして始まった「出版取引システムを現代にアップデートするプロジェクト」。略して、SSU。なんて呼び方は誰もしていない。呼び名のないまま、システム会社の人たちと打ち合わせを重ねている。願わくば、人の手をかぎりなく煩わせることのないシステムをつくりたい。そう、あれほど黒船然と恐れていたAIを駆使して。

実際、自社にかぎらず、多くの出版社は書店に対し、注文書をFAXで送り、返信FAXに記入された注文数を手入力する。一事が万事で、発注伝票ひとつから、請求書をつくるまで、基本、手入力でおこなう。結果、請求業務は月末月初に十日もかかる。それを、半日、長くても一日で済むように。日々の商品発送にともなう伝票業務の労力が十分の一になるように。

十年後を見すえた出版用会計システムを構築したいと考えている。

この十三年のあいだに、ひとり出版社はどんどん増えた。小舟がいっぱい浮かべばいいのに。と願っていたとおりの事態となった。だが、営業事務の問題は依然、残されたままである。煩雑きわまりない。そのため、この数十年のあいだ「直取引出版社をつくりたい」と相談を受けるたび、手放しでは喜べなかった。自社で四苦八苦しているものを人に勧めることはできないからだ。僕を含め編集者のなかにはそうした事務作業がとんと苦手な人が多い。

めざすは、僕がひとりで編集と営業と両方できるくらいに簡単なシステム。ボタンをクリックしていけば、なんとか営業事務が滞りなく進む。このレベルのものをつくってこそ、ちいさな出版社やちいさな本屋さんの未来が見えてくるだろう。

単純労働からの解放。

何度も述べてきた業界の行き詰まりは、小出版社は案外さらされずにすんでいる。小舟であるということは、手漕ぎ舟であるということ。風の弱まり、風向の変化などの影響を受けにくい。けれど、システム対応の遅れで、一夜にしてオジャンになる危険性がある。大海には行かず、ちいさな入り江で舟を走らせていたら、いつやら大規模開発が進み、入り江は埋立地となっていた。「小舟の入船お断り」(規格変更)。こうならない保証はどこにもない。

そうなる前に、入り江で生きていくためのシステムを自分たちで開発する必要がある。当然、お金が要る。知恵が要る。人が要る。経験知が要る。書店、出版社はじめ、多くの協力が要る。まずは自分たちが旗振りをしつつ、ちいさな出版社と書店が生きていきやすいシステムをつくりたい。結果的に、この十三年、なんとか生きさせてもらえたことへのささやかな恩返しになれば言うことない。

この分野においては、スーパーウルトラキンダイ化が急務である。

前キンダイとの接続というより、キンダイ・現代を超える「次世代」へとひとつ飛びすることが肝要と心得ている。

これからの出版社とこれからの書店　二月記す

脱伝統芸能とともに、新年にもうひとつ誓ったことがあった。それが、新レーベルのたちあげだ。

キンダイ以前の何かを取り戻す。自分の持ち場で、それを実現させるのだ。

という思いがグツグツと煮えたぎらんとするちょうど同じ頃。業界をとりまく環境が激変の相を見せ始めた。とりわけ、書店をとりまく動きから目が離せなくなった。

数ある動きのなかでも、次の三つは特筆といえる(最後のひとつは、かなりの痛みをともなっている)。

ひとつ目は、青山ブックセンターの店長山下優さんの「出版します」宣言。書店である青山ブックセンターが、書籍を発刊し、自社で販売すると発表した。

ふたつ目は、アマゾンの「買い切り直仕入れ」方針の発表。出版取次を介さず出版社から直接買い入れ、返品しないやり方で進める、と打ち出した。

最後のひとつは、一月下旬に突然知らされた大阪の名店「天牛堺書店」の倒産。

ひとつは「書店発出版」、ひとつは「中抜き取引」、ひとつは「倒産」。一見、別ものに思える三つだが、この三者を串刺しにする共通点が実はある。業界に深く根ざす構造的な問題がそれだ。

出版社―書店間の「不平等条約」。

近頃、はっきりとこう思うようになってきた。出版社と書店の関係が、あまりにイビツである。出版社優位すぎる。書店業をマラソンにたとえれば、足枷《あしかせ》をしたまま走ることを強いられてきたようなものだ。ところが業界は、足枷を外す（フェアな条件での取引ができる）ことをせず、問題をすり替えてきた。本が売れない「出版不況」が起きているのだ、というふうに。「不平等条約」に目が向くことがないよう、隠れ蓑《みの》として「出版不況」が唱《とな》えられた。

問題は、「ものが売れない」ことにあったのではない。むしろ、ものを売り買いするときの条件が「不平等」なことにあった。

これを前提として、「出版」と「書店」の共存を考えないと、なにも始まらない。いま、はっきりとそう思っている。

具体的にいえば、これまで書店は、取次を介して書籍を仕入れてきた。条件は定価の八掛け前後。ただし返品可能。どんなにがんばって売っても、一冊あたり約二割の利益しか上がらない。当然、事業を継続しようと思えば、「薄利多売」をめざすほかない。短期間、多く積んで、できるだけ多く売る。売れ残りは支払いが発生する前に返品する。「薄利」である以上、そうする以外に商売は成立しない。

だが、時代は移ろい、「多売」がむずかしくなった。低成長、人口減少時代の到来。本以外にお金と時間を費やす機会の激増。

そしてスマホ。個人的にも身をもって痛感する。いっとき、手放したが、昨年（二〇一八）のパリ出張前に再びもった。以来、なしには仕事が成り立たない。ばかりか、ずいぶんとお金と時間を奪われている。ただし、このワンアイテムをもって多売がむずかしくなった原因のすべてとしたくはない。

むしろ一消費者の実感としては、一冊を買うことに慎重になってきた。物理的に物を増やしたくない。読み捨てのようなことはしたくない。もちろん、職業上かなり買うわけだが、仮に仕事いっさい抜きでひとりの本好きとして書店に赴くとき、そういう心理が多少働くことは否めない。

いずれにせよ、本と本屋を好きな人たちの多くがこう思っていることはたしかだろう。――本屋さんは、いろんな種類のおもしろい本をいっぱい置いてほしい。特定のベストセラー本だけを多売するというやり方ではなく。

あらゆる事業において、その継続性は、「一見《いちげん》さん」による消費行為より、常連さんの日常の行為に支えられている。これが是であるならば、本を売って商売を成り立たせることを望む場合、まっさきに耳を傾けるべきは本好きたちの声だろう。

「多売」せずとも商売が成り立つ、「脱薄利」を実現する。

本好きの声を受け、こうした可能性を模索するのは避けてとおれないはずだ。


だが、このあいだに進行してきた事態は、けっして「そっち」ではない。

薄利多売がむずかしくなった結果、本屋スペースに雑貨や小物がずいぶん置かれるようになった。より利益率の高い商品へと取って代わったわけだ。東京・下北沢のB&Bが利益率の高い商品として、ビールを選んだのは有名な話だろう。本とビール。その創業メンバーのひとり内沼晋太郎さんはその後、「これからの本屋は、本×何かを組み合わせることだ」と提言している（『これからの本屋読本』）。

冒頭の三社の例に戻れば、青山ブックセンターの「出版します」はその「何か」に当たる。アマゾンの発表は、出版社と買切り直取引にすることで、利益率をあげる行為そのものだ。もっと言えば、遅々として進まぬ不平等条約の改善に、外資系企業がスキを突いてきた当然の施策とも言える。三つ目の天牛堺書店という名店の倒産は、薄利多売の構造で書店業を維持することが困難である証左にほかならない。

じゃあ、お前たちはどうなんだ。不平等条約などと言いながら、結局、あっち（出版社）側じゃないか。そんな反論をする方もいるにちがいない。

たしかにそのとおりだ。

自社のやり方を簡単に述べれば、創業一年目にあたる二〇〇七年六月以来、書店直取引をおこなっている。七掛けで卸し、書店側の利益が三割出るように設計してきた。取次という卸経由より約一割書店の利益が多い。

もちろん、それで十分だとはまったく思っていない。

とてもじゃないが、十分とは思えない。

書店と直取引をしていると、その窮状をダイレクトに知る機会が必然増える。忘れられない話がある。

広島のある書店に行った際、仲の良い書店員さんが言った。

「同期が辞める日。本が大好きで大好きでしかたのない人だったんですが、日々、大量に送られてくる本を大量に返品する。その作業に耐えられなくなって。彼は、その日、返品しなければいけない大量の本たちを抱きかかえて、『返さない！』と叫んだんです」

本が好きで本屋さんに勧めた人が本を「返す」仕事に追われている。好きな本たちをころすような作業に、もう耐えられない……。

これを聞いて、何かがおかしいと思わない人がいるだろうか。根本がなにか間違っている。

出版社の立場で何ができるか。と考えたとき、返品が出ない本をつくる。これが第一だろう。そしてそれがどんどん売れていけば、出版社、書店、両方の経営を支えることになる。だが、それだけでは不十分なのだ。一冊売れたときの利幅を増やす。ここに踏み込まないことには……。

書店の売り場に利幅の高い雑貨が置かれる割合が増えたり、書店の「出版します」宣言に見られるように、利益があまりに少ないことが、広島の書店の「彼」を追い込んだひとつの遠因であることは間違いない。

だから、書店側の利幅が増えるようにすること。そのためには、卸率を下げ、単価をあげる。必然、初版部数は少なくならざるをえない。ちなみに、世界的に見て、日本の書籍単価はやすい。これが、ものづくりと小売り業の両方を苦しめている。

もちろん、ベストセラーをめざす、ヒットが出るというのは、出版という世界で働く楽しさのひとつである。

だからといって、すべての本が、ベストセラーやヒットをめざす必要がないのは言うまでもない。そもそも、書籍のもつ良さは、先に述べたように、多品種小ロットにある。全国に何万人もいないけれど、数千人にだけは必ず「熱く」届く。こうした本の種類が多くあればあるほど、多様性が本屋という空間に生まれる。本屋という空間がきらきら輝く。同時に、社会にもその多様性の空気が拡散していくことになる。

少部数の本は、本という世界の醍醐味なのだ。

ベストセラーと少部数本。

一見、矛盾するこの両者を同時にあわせもつことに出版という仕事のおもしろさが宿っている。


きっと、これまでの問題は、ひとつの条件しかなかったことにある。「薄利多売」が成り立たない時代において、「ベストセラーと少部数本」という出版のもつふたつの魅力を双方同時に生かす条件がこれまでなかったのだ。結果、ベストセラータイプの書籍ばかりが流通するようになった。

いま必要なのは、少部数本用の条件を別につくること。

というわけで、新レーベルでは大胆な条件を設定した。

初版五〇〇〇部前後の本は、これまでどおりの条件で発刊・発売する。わかりやすくするためにあえてこの表現をとるが、「ベストセラータイプ」を「自社刊」として出していく。

一方で数千部の初版から始める「少部数タイプ」の書籍については、レーベル名を別にして発刊しようと考えている（「ちいさい」を冠したレーベル名にした）。「コーヒーと一冊」シリーズは60

%だったが、さらに踏み込んで、買切（返品不可）55%で卸し、書店の利幅が45%になるようにしたい。

「コーヒーと一冊」の実験から四年が経った今年の年頭、この結論を得るに至った。

＊

一度、キンダイ以前に後退し、そこでたいせつな何かを拾ってきて、現代に生かす。

勝手にこのやり方を「福禄寿方式」あるいはF方式と呼んでいるが、昨年五月以来、自社においても、これを実行せねばならないと思いつづけてきた。新レーベル設立は、その思いの結実ともいえる。

以前述べたとおり、もともと社員ひとり頭における生産点数はかなり少ない。

その意味で、秋田の酒蔵で学んだ「生産量を減らす」は当初より採用していた。

手間暇かけてつくり、すくない発刊物を丁寧に売っていく。そのやり方をとっていた。そう思いたい。

もちろん、この「一冊入魂」は継続する。

とはいえ、自社の場合、生産「点数」が少ない分、一点あたりの生産量（＝売れ行き）がある程度ないことには会社の維持は不可能である。必然、「ある一定の部数を刷っても、在庫の山にはならないだろう」と予測できる企画の本を出すようになっていた。望んでの結果ではなく。裏を返せば、知らず知らずのうちに少部数の本を出しにくくなっていたのだ。

書店との共存。出版社としての福禄寿方式の実践。

こうしたことをめざしての判断だ。むろん、これですべてが解決するわけではない。いったんの、けれど、踏み出さずにはいられない一歩であるのはたしかだ。

大義名分（笑）

四月記す

早いもので、サポーター制度が七年目を迎える。

「ちいさな出版社の運営をいっしょにお願いします」

二〇一三年四月、新卒第一号のアライ入社のタイミングで、こう謳った。自分で言うのもなんだが、あまりに愚直なお願いである。

たしかに、不安はあった。

会社、ちゃんと維持できるのかしら……？

それまで「勘」だけで出版社を運営してきた。五、六人のメンバーのときはそれでよかった。編集者としての自分の働きと会社の実績が連動していたからだ。一冊一冊つくりこみ、そうした本が年に五、六冊出れば、まあ、大丈夫だろ。そう、根拠のない仮説をたてて、「間違いない」と断定することにした。

ふしぎなもので、断定すると、「そんなものか」という気になり、実際、「そんなもん」となる。

ところが、メンバーが七、八人になると、「自分の手」を完全に離れてくる。アライの入社は、まさにそのようなタイミングだった。

しかも、新卒である。

これまでは中途採用ばかりだった。中途入社組を見ても、学生から最初に入った会社に色濃く影響を受けているのがわかる。自身を顧みても、同じだろう。要は、新卒にとって、自分たちが「社会」のすべてとなる。すくなくとも一時期そうなるのは必定だ。

責任重大である。

その責任をおまえは背負っていけるのか？　威勢よく、「新卒採用します」なんて謳っといて、即解散なんてことは許されないぞ。若い子の人生がかかってるんだ。わかってんのか、おい！　と誰に言われるわけでもなく、自分がいちばんわかっていたつもりだ。

今から思えば、その不安を目一杯抱えた状態で、起死回生、土俵際のうっちゃり、とばかりに思いついたのが、サポーター制度だった。

「これまで勘で会社運営をしてまいりました。が、さすがに限界がきたようです。それで、厚かましくも、みなさまに頼りたく思いました。ぜひ、出版社の運営をともに支えていただければ幸いです」

サポーター制度はこうして始まった。

大義名分は、「若い人を育てる」。高齢化が進み、若手の門戸が閉ざされがちな業界にあって、新たな血がめぐることはこの産業の継続・維持には欠かせない。新卒採用に踏みきった理由のひとつに、こういう思いがあった。

もうひとつあげれば、東京一極集中はげしい出版業界にちがう可能性を見出したかったことがある。自分たちのばあい、京都という地で、専門出版社ではなく「ちいさな総合出版社」としての活動をめざした。

出版界の継続・発展のための一矢。

ずいぶんデカイ大義名分を掲げたものだ。もちろん、その思いにいっさい嘘はない。が、声高に叫んだのは、不安の裏返しにほかならない。だいたいが大言壮語する人間ほど、足元がぐらついているものだ。

……とは、すでに克服した者のコメントといえる。

いやあ、あの頃、余裕がなかったね。あんなに、大きなこと謳っちゃったりしてさ。けどまあ、みなさんのおかげで、けっこう実現できた気がする。京都を中心に会社がまわるようになりました。新卒も六年間で四人採用したし。その全員がすばらしい活躍をしているし。去年入社のノザキも、いい仕事をしているし。

なーんてふうに、全面肯定したくなるのは、きっと、大義名分を掲げた六年前と似た心境が再来しているからだ。

そう、あらたな不安の渦中にいま僕はいる。

なんとなれば、週明けには未踏の世界に踏み込むのだ。

ひとつ、新卒採用メンバーの入社。ひとつ、中途採用メンバーの入社。ひとつ、自由が丘と京都合わせて十三名の所帯に……。四月の後半には、産休からアライが復帰するので十四名となる。これまでの最多人数十二名からいきなりの二名増だ。

同日にふたりのメンバーが加わる。十三名になることと合わせて、自社史上初のことだ。

だ、だいじょうぶか？　ほんとうに大丈夫なのか？

もし、経営コンサルタントみたいな人に相談したらどう言うだろう。

「えー、人を増やすということは、事業が拡大する前提ですよね？　どんなふうに拡大するご予定ですか？　それもですよ、二名増ですよね。二人増やすには、売上ベースでいくらのアップを考えたのでしょう？」

沈黙。絶対的沈黙。なぜなら、いずれの問いにおいても答えようがないからだ。ただ、直感が働いた。ここで採用するほうがいい！　という声にしたがったのみ。確固たる計算のもと動いたわけではない。で、心中、つぶやくのだ。

売上増？　バカ言ってはいけない。本というのは出すまで売れるかどうかわからないのだ。売上増をあらかじめ計画するなんてできるわけがない。まったくもう。出版シロウトは困るのう。

うちの方針を良心的にとらえてくださるコンサルタントの方であれば、こう言うかもしれない。

「きっと、若手メンバーの成長を見込んでの採用ですよね。彼ら、彼女たちがこのまま力をつければ、自然の摂理ごとく、会社の業績もあがる。その分で、メンバーを増やすだけの経営的体力をまかなう。そういうことですよね？」

もし、そんなふうに言ってくれる方がいれば、両手を包み込んで、「ありがとう。ありがとう」と述べたい。なるほど、たしかにそうだ、という気になって、「はい、そのとおりです」と言ってしまいそうだ。だが、実際はちがう。ただ、「採用は今だ」と思ったにすぎない。

その代わり、というわけではないが、最近になって、すごい大義名分を思いついた。

＊

ある日の、スカイプをつないでの全体ミーティングで気づけば、ホワイトボードに縦長の長方形を書いていた。真ん中に横線を引き、中央に円を描く。縦長の長方形の上と下にちいさめの横長の長方形をつける。サッカーのフィールドにおけるセンターサークルとゴールのつもりで。

四月に中途入社するTくんの役割を説明するのに、サッカーに置き換えて話しだしたのだ。くりかえすが、気づけばそうしていた。

仕事内容は営業事務・経理。ということは、全員全チームを掲げる会社とはいえ、うっすらとはあるチーム分けでいえば、「営業チーム」所属となる。すくなくともこの十二年間はそうだった。

だが。

とふと考えた。

彼には重大な任務が待っている。請求業務をはじめとする営業事務のやり方が、古代のものと化している。そうしたいっさいを「現代」にまで引き上げる。

先述のとおり、十二年間、ワタナベのマンパワーによって対応してきたその業務は、建て増しにつぐ建て増し住宅、つまりは、ひとたび踏み入れれば二度とは出られぬ不気味な城と化してしまっている。そこには魔物が棲んでいるという噂さえある。本来得意ではない仕事を彼が引き受けやってくれた結果、いつしか城が人格をもって機能するようになった。

まさか。と僕も思う。なにが、魔物だよ、と。

だが、万一、を考えざるをえない。

万一、二カ月を費やして入社してもらうことになったTくんが魔物にやられてしまったら⁉

その痛みが会社に与えるダメージははかりしれない。

その事態に陥るのを避けるにはどうすればいいか？　刹那、ひらめいた。

「よし、Tくんは編集チーム配属としよう！」

営業事務という職務にもかかわらず、編集チームに属する。なるほど、こうすることで、まったく新しい空気のなかで、まったく新しい営業事務のあり方を築けるのではないか。十三年前、出版の中心地からすこし離れた自由が丘という場所で会社を始めたように。八年前、さらに遠くの地、京都で出版社を営もうと思ったように。

そのことを発表しようと思ってホワイトボードに向き合ったのだった。

「編集の現場が、ここ。フォワードとしよう。前線にいて、点をとる。僕たち編集者はこういう動きをしているわけだけど、Tくんには、このあたりにいてもらいたい」

そう言って、センターサークル付近にTと書いた。

「ポジションでいえば」

と言ったとたん、言葉に詰まった。ポジション？　そこまで考えていなかった。なぜならサッカーにたとえる予定などこの瞬間まで皆無だったからだ。

(どうしよ、どうしよ、みんなじっと見てる。俺のひとことを待ってくれている)

困った。

と冷や汗が流れそうになったとき、口が先に動いていた。

「ぼ、ぼ、ボランチ！」

ええ〜、という声とともに笑いが起こった。まあ、言った本人もなんだかおかしかった。こいつ何言ってんだ、と思いながら出てきたひとことだった。

「で、営業は……」と言ったものの、また困った。

編集を前線に置いてしまっていたからだ。編集三人がフォワードでTくんがボランチだとすれば、営業と仕掛け屋メンバーは、必然、ミッドフィルダー、ディフェンダーとなる。けれど、どう考えても、営業こそ点取り屋であろう。とすれば、この絵は根本から間違っていることになる。

うーん、困った。

とそのとき、今度は口ではなく、ペンをもった手が勝手に動いた。○を四つ描く。長方形の下半分の位置に。つまりは、それはディフェンダーということか。

「営業メンバーは、ここ。ここでフォワード」

そして、その〇からシュートの線を引いた。長方形の一番下にくっついた横長の長方形ゴールに向かって。

「こっちにシュートを決めるんや!」

「ええぇ〜」。たしかに、むちゃくちゃだ。「オウンゴールじゃないですか」と誰かが言った。

なるほど、二〇一九年三月某日現時点では、これをオウンゴールと呼ぶ。紛れもなくそうだ。

しかし。

僕は、即座に否定して言った。「いや、こっちがゴールやねん」

「えええええ!」。先ほどよりはるかに長い「えええ」が起こった。その声を耳に入れつつ、自分の言葉に触発された。

「そうか、なるほど」とうなずいた後、「どっちに決めてもいいんや」と言った。

「というか、なんでこっち(上のゴール)に決めなあかんの。敵がいるか? 敵ってなに? 敵なんかほんとうはいない。いると思い込んでいるだけで!」

この瞬間、「どっちのゴールに入れてもいいサッカー」が誕生した。それは近代サッカー史の歴史を塗り替える瞬間でもあった。

すごい大義名分といったのは、これだ。攻守の概念を変える。組織のあり方に、大きな風穴を開ける。そうして、いつかパイ、マーケットというものまで、あって無きがごとしにしてしまう。つまり、他社とパイを奪い合う、といった発想自体を有名無実化してしまうのだ。その一歩を自社のチームのあり方ひとつから、始めてみる。

実に、見事な大義名分ではないか。と思ったわけだ。

ちなみに昨年入社のオカダモリくんは、スポーツというスポーツをまったく知らない。このミーティングのあと、「ところでボランチってなんですか?」と訊いてきた。うむ。それはね、と答えてみたものの、フォワードとミッドフィルダーとディフェンダーの違いすら知らなかった。

なるほど。大発見のように語ったこの発表のすべてが理解されていなかった。

けど……。

それでいいのだ。

なぜなら、僕たちの仕事は出版なのだから。もちろん、サッカーであろうはずがない。であるならば、サッカーにたとえること自体が無意味ではないか。……ええええ!

超キンダイ合宿　七月記す

あの日、社内でちいさなクーデターが起こった。

端的にいえば、僕はいち平社員となった。決裁権を失い、編集チームの方針を考える機会すら奪われた。来期の事業計画を立てるというタイミングにもかかわらず！

結果、僕抜きで編集チームの目標が決められてしまった。

実際、表面上の変化だけを追えば、クーデターとしかいいようがない。

いったい、なにが起こったというのか。

自分の整理のためにも、「あの日」を再現してみたい。

＊

二〇一九年六月十六日、場所は静岡県焼津《やいづ》市。

初めて降り立った焼津駅から歩くこと十分弱。汀家《みぎわや》という高級旅館で合宿がおこなわれた。

これまでの合宿先を思えば、ずいぶんなグレードアップだ。八〜十名が同じ部屋でひしめきあって眠る。いや、身体を横たえる。雑魚寝《ざこね》そのもの。これが合宿の定番スタイルだった。ところが、今回は十名に対し三部屋が割り当てられている。しかも温泉旅館だ。贅沢の極みというほかない。

けっ、セレブ面《づら》かよ。と言わずに聞いてほしい。求めてそうなったのではなく、たまたま旅館の社長さんがサポーターをしてくださっている、そのご縁で、格安で泊めていただくことになったのだ。

安宿から高級旅館へ。思えば、宿選びの時点ですでに逆転現象が起きていたのかもしれない。

午前十一時に宿へ着くやいなや、合宿恒例のミーティングが始まった。

「十月から始まる十四期目の方針を決めよう」「事業計画までつくっちゃおう」。こんなふわっとした通知だけが今回の合宿前にあった。あとは、何をやるのか、現場に行くまでわからない。

僕とて同じだ。その日、その場で何を思いつくか、それは誰にもわからないというものだ。先にやることを決めてしまっていたら、何かを思いついたとしても実行する余地がなくなる。

ホットで新鮮な素材が手に入ったのに、あらかじめ用意した素材だけで料理をする。取材でもなんでもそうだが、決め打ちをして臨むと、予定調和の域を出ないことになりかねない。

それは、「おもんない」だろう。

出版社の合宿なのだ。プロセス自体がおもしろくなくて、どうしておもしろい本が生まれよう。

てなわけで、まっさらの気持ちで臨んだ合宿初日の午前十一時。気がつけば、手元に一枚の白紙が配られていた。

「この紙に名前を書いてください」

しゃかしゃか。

「書いたら、この袋に入れてください」

ぽい。

シャッフルシャッフル。

「では紙を引いてください」

言われるがままに、引く。

「開けてください」

ぱかっ。

メンバーひとりひとり、名前の書かれた紙を掲げる。

最古参ワタナベは「タブチ」と書かれた紙を、かたやタブチは「ホシノ」の紙、入社数カ月の新人スガの手には「ワタナベ」が。僕は「イケハタ」、イケハタは「ハセガワ」……僕の名は誰の手に？　と見渡せば、昨年七月に中途入社したオカダモリがもっている。

「では、みなさん、パンと手を叩いた瞬間、紙の人になってくださいね」

「ええーー」と一同驚く間に打ち鳴らされたのだった。パン！


営業、編集、仕掛け屋の三チームに分かれてのミーティングがスタートした。

僕は「イケハタ」として営業チームに参加。リーダーは、新人スガ率いる「ワタナベ」だ。

編集ホシノも、「オカダモリ」となって営業チームの一員となった。

「ワタナベさん、来期はどうしましょう？」と「イケハタ」。

「うん、そうだな、みんなはどうしたい？」と衆知を集める新人スガ演ずる「ワタナベ」。

「来年こそは攻めていきたいですね」と「オカダモリ」。

「うん、そうしよう！」

いつになく前向きな営業リーダーの姿に現場のテンションも自然とあがる。アイデアもつぎつぎと湧いて出る。

（いい感じ！）

あっという間に十分が経過。各チームの発表の時間となった。

オカダモリ演じる代表が、「ええ〜、じゃあ、各チーム発表をやってえや」という京都人が聞いたらひっくり返りそうな似非《えせ》京都弁で進行を始める。

まずは営業から。新人、ではなく、いまや営業チームリーダーとなったスガ「ワタナベ」が、全員の前に立つ。

「営業チーム、来期はやります！」と堂々宣言するところから始まった。全員から拍手！　がぜん、営業チームがたのもしい存在に思えてきた。もしかすると、本家ワタナベのこれまでのプレゼンより盛り上がったかもしれない。

そして仕掛け屋、編集チームと発表がつづく。各チームからたのもしい方針と、具体的アイデアがぞくぞくと出た。

そのひとつひとつに代表となったオカダモリ「ミシマ」は、「うん、ええやん」「よし、それやろ！」と決済のゴーサインを出していく。

（おいおい……）

ちなみに、「イケハタ」（僕）は「ちょっと編集もやってみたいと思うんです」と言ってみた。

すると、オカダモリ「ミシマ」はちょっと思案めぐらせたのか、一拍おいてから、おもむろに口を開いた。

「採用！」

こうして一時間半のミーティングが終了した。

全員、充実の表情をしている。実際、僕もとてもたのしかった。

すくなくとも一時間以上、他人が自分を支配していたのだ。僕でいえば、イケハタくんならどう考えるだろ、こんな表現をするかな、と終始考えながら行動し発言をした。

もちろん、そのあいだ、自分は消さなければいけない。

自分を消して他者を前面に出す。

自我消失。滅私滅我。デカルト以前の前キンダイへの回帰。

一番、上手だったのは、仕掛け屋ハセガワだ。中途採用で四月に入社したばかりの「T」を演じたハセガワは、そこにTくんがいるのか、と見間違うほどのT口調で意見を述べた。

それを見て思った。

観察力と描写力。これだな。つまるところ、仕事に必要なのはこのふたつじゃないか。

ハセガワは、書籍に挟み込む手書きの通信やサポーター新聞などに各メンバーの似顔絵を描くことがある。それが見事に特徴をとらえている。ふだんから、よくいろんなことを観察しているのだろう。この日も、Tくんのちょっとした癖を精確に組み込んだ発表をした。

ちなみにこの仕掛け屋チームこそが、自社の秘密兵器的存在といえる。他社であれば、プロモーション部、広報部といわれる部署になるだろうか。しかし、その範疇に収まらず、なんでも仕掛けるのがこのチームの役割だ。書店でのＰＯＰやパネルを手作りでこしらえたり、ある書籍の展示を空間設計からおこなったり。この数年、さまざまな場所で展示をしてきては話題になった。この夏には、国立新美術館地下のお土産物コーナーの一角で展示されることが決まっている。出版社の展示は初だという。去年は銭湯でも展示した。風呂に浸かりながら、自社の日常漫画を読むのは、ふしぎな気持ちだった。

ハセガワが仕掛け屋チームのリーダーとなって以来、出版社の仕事とは思えないさまざまな展開が広がっている。書店で自社本が「届く」、その大きな一翼をになっているのが、この仕掛け屋だ。

閑話休題。

逆に、他者になりきれなかったメンバーもいた。そういう人たちは、日々の仕事の時間においても「自分」に閉じこもってしまっている可能性が高い。

いずれにせよ、自分という枠組みを内外から揺さぶられる時間となった。大げさにいえば、自我の肥大化が近代の一つの傾向とすれば、今回のミーティングはキンダイを揺さぶる時間そのものであった。

そして、ふだんの自分の檻《おり》を破って、他者を組み込んだ自分が内から顔を出したとき、人ってこんなにいきいきとした表情をするんだ、と思った。

よしよし。と企画者である私は満足気な笑顔を浮かべた。

はい、おしまい。

おいおい、クーデターとか言っといて、企画者ってことは自分が考えたってこと？　つまりは自作自演？　入れ替えミーティングを考案し、紙を配り、シャッフルして配りなおしたのもあんたでしょうが！

ええ、そうです。私ですとも。

たしかにそうなのだが、思いついて、「やろう」と思った時点では、まさか決裁権まで奪われるとは思ってもみなかったのだ。こんなに盛り上がり、楽しいとも思わなかったし。

いやぁ、びっくりびっくり。

それにしても、自社において代表じゃない時間を過ごしたのは初のことだ。自分がまるっと革《あらたま》った感じがした。

また、やってみようかしら。けれど、決裁権が悪利用され、その期間に、「代表変更」の決定がくだされないとは誰も言えまい。

まあ、そのときはそのときだ。いちメンバーとして粛々と働く所存でいる。

第六章
嬉々として危機

ツイラク？

新システムの開発、新レーベルたちあげ、あらたなポジションづくり、合宿での自我超え会議……。

超キンダイを念頭に、さまざまな試みをしてきた。前キンダイとの回路をさぐりつづけた。

日に日に何かつかめそうな気がしてならない。そう感じていた。

ところが、この感触を深めるどころではない事態に直面することになる。


十月四日金曜日、夜。激震が走った。

「会社がつぶれる」

会社が十四年目を迎えて四日後に、こんなことになろうとは。

その夜、ワタナベを引き継ぐかたちで営業事務（ボランチと名づけた）を担当するTから僕のところに連絡がきた。月初におこなう請求業務の報告だ。

「今月の請求額がほぼほぼかたまりました。今月は約一■〇万です」

わが目を疑った。ひとけた違うだろ。実際、目をこすって見直した。

ところが、そのデジタルの文字はたしかに一[redacted]〇万と書いてある。

どうするんだ……。

これまでにも、お金が尽きそうなことはたびたびあった。そのたびに、焦った。

どうしてもっと早く知らせてくれなかったんだ。

こうして他人のせいにしているうちは、まだよかった。怒る余裕がまだあったのだ。

そう思えるほど、今回の事態はきつい。請求額があまりに少なすぎる。あってはいけないレベルだ。

これまでの金欠は、それでも僕一人が最大限の集中力と気力とエネルギーを、目の前の一冊に注入すればなんとかなった。落ちそうになる自家発電型飛行機のペダルをライト兄弟さながらに漕げば、すこしはふわりと浮く。「ほら、おにいちゃん、飛んだよ。ぼくたち飛んだよ」とライト兄弟が言ったかどうかはわからぬが、「ほれ、浮いたでしょ。墜落しなかったでしょ」と幾度となく社員に言ったことはある。

だが、ひとり漕ぎで浮く飛行機ではもはやない。バイトさんを入れて十四名が乗るのだ。人力で飛ばそうとすること自体まちがっている。

実際のところ、月々の支払額は少ない月で七、八百万円。多い月だと一千数百万円をゆうに超える。印刷代、印税などの原稿代、デザイン代、倉庫代、発送費、十四人分の給料・保険料・税金などの人件費、打ち合わせ代、二拠点分の家賃・通信費・光熱費・雑費、ほかほかほか。一日の遅れもなく支払うことで、商売は流れていく。この十三年、一度も滞ることなくなんとかやってきた。だが、

今度こそツイラクする……。

四月に新メンバーふたりを迎えるにあたり感じた「大丈夫かしら?」という懸念が現実のものとなった。

もちろん、この半年、ぼんやりしていたわけではない。新システム開発の打ち合わせをシステム会社の人たちと重ねた。四月末、七月末に周防大島を訪れ「ちゃぶ台」の取材をした。七月二十日に少部数レーベルをたちあげ、同時に二冊を刊行した。四月以降、七月の新レーベル刊の二冊をのぞき毎月、一冊の単行本を出してきた。いずれも、「おもしろい」自信作ばかりだ。

これまでつづけてきた通常の業務にくわえ、未来を見すえた新しい動き。その両方をしっかりやってきた。

しかし。

結果は、このとおり。半年近く、なかなか売上があがらない状態がつづいた。

とりわけ四月末から五月頭にかけてのゴールデンウィークを経て、市場の空気、消費のかたちが変わったように感じた。今年は、天皇陛下の退位にともない例年よりはるかに長い九日間の休日となった。この大型連休が終わったとき、そこに現れたのはちがう世の中だった。

あまりに長い休みは人を堕落させる。

自身を顧みても、長期休暇を経たあと、自分のなかの何かが確実に変化することがたびたびあった。勤勉であること、集中力を持続しつづけてもバテない身体、見えないところへ意識が届く感覚……仕事をするうえで欠かせないこれらが、狂う。微妙にチューニングが合わないラジオのように。

仕事という神経を使う場でさえ緩むのだ。どちらかといえば神経を休める場である日常ではどうなるだろう?

あー、じゃまくさ。めんどくさ。

気づかぬうちに、横着な感覚が定着していてもおかしくない。

結局のところ、日常の習慣が身体の張りを生む。

とすれば、集中力を必要とする読書という行為がおざなりになってしまいがちになってもなんら不思議ではない。

大型連休後、人々の身体感覚はまるっきり変わってしまった。

実証するのは不可能だ。だが、個人的には、間違いあるまいと思っている。本が届きにくくなった。とりわけ、書店という場に本を置くだけで、人々が本を買っていく。その習慣が薄れた気がしてならない。

五月、六月、七月とじょじょになんとなく感じていたことが、八月に入って、くっきりとした輪郭をもって迫ってきた。

このままではまずい。

採用不況

その危機を察知して、実は、八月の初旬にワタナベと相談して、僕自身が営業のリーダーに就くことにした。四月に新メンバーTを迎え、営業事務から営業の現場に戻ったワタナベが、最古参社員であることから営業リーダーに。だが、三年以上現場から離れていた影響か、なかなかフィットしない。若手メンバーたちも、リーダーがどこか現場感覚とズレていることに遠慮と戸惑いをおぼえている。そこに、大型連休以降の市場の冷え込みだ。

このままフィットしない状態でつづけるわけにはいかない。

そう感じての判断だった。

営業リーダーに就いてすぐ、もっと早く営業リーダーになるべきだったことに気づく。

四月以降、ワタナベを入れて営業チームは四人体制となり、十三年の活動のなかで、営業チームの規模は最大となった。七月からは、四月後半から産休復帰していたアライが営業チームに加わり、チラシづくりなどで得意のデザイン力を生かしてもらうことになった。総勢五名のチーム。出版点数を増やすことなく、一冊を広く、長く売っていく。一点突破を地で行く体制をとった。

だが、どれだけ人が多かろうと、どれだけ個々に奮闘しようと、連携がとれないかぎり、チームとしての力は出ない。ラグビーのスクラムを見ればわかることだ。前の三人が一枚の大きな屈強な壁のようになり、その壁を後ろの五人が押す。八人の力がひとつの巨大な塊となったとき、壁は山のように分厚さをもち、相手に迫る。たとえ相手側と比べて一人ひとりの大きさ、強さで劣ろうとも、びくともしない壁となる。

そうした壁になっていない。

どころか、スクラムを組むことを恐れている者さえいる。

もっとも、長年、「こんな感じ」でやってきたのだ。チームプレイなんて皆目なかった。

船頭（経営責任者）である僕がいて、あとの漕ぎ手（メンバー）はフラット。責任は僕がとるから、みなさんは思いっきりいい仕事をして！　ちょっとぐらいヘンな動きをしても小舟だし、ちゃんと操縦できるから、安心して。

そういう体制で十年以上やってきた。

一拠点でコンパクトに動いていていたとき、それはもっとも機能した。細かいことを決めずとも、大きな方向だけ決めて漕ぎ出せば、五、六人乗りの舟は問題ない。ある程度の勘とコツと経験があれば、それなりに乗りこなせた。

ところが、二拠点になり、そうはいかなくなった。ひとつの小舟のときは、僕が勘や感覚を働かせて、「次は、こう動こう」と微調整すると、それこそそれなりに小舟全体にその意思が伝わり、軌道修正をくりかえしながら前進する。が、二つの舟だと、微調整が効かない。意思の共有が困難となる。

とりわけ、二〇一二年に僕自身の拠点を京都にして以降の四、五年がむずかしかった。今から思えば、それは「採用不況」だったととらえている。

翌年、新卒第一号のアライを京都オフィスに配属。そこまではいいが、三年以上一緒にやってきたメンバーの一人が家庭の事情で退社。その後、中途採用を何人かしたが、出版経験者は一人もおらず、その状態で、二〇一五年からは新卒第三号タブチも京都に来た。出版素人（経験三年以下）四人と僕。常に、自分の意見が少数派として、ときに軽んじられる事態となった。「あ」といえば、「は?」と返ってくる。「あうん」の呼吸というやつが成り立たない。先に述べたような無言の船頭ひとりと、各持ち場で力を発揮する船員たち、という体制下では、船員がそもそも船頭のメッセージを受け取れないことにはきついというのに。

で、えてして、「楽しく、ほがらかに」なんてことを謳っていたりすると、若いメンバーはそっちにばかり引っ張られ、自分たちなりの楽しさをめざしてしまう。現時点で自分たちができるスピードと球質で、キャッチボールを始める。それで、仕事をまわそうとする。たとえ、船頭がめざす方向や方針とちがったり、会社という舟を動かす推進力にならないばかりかブレーキとなる動きであっても、おかまいなしに。

まあ、まずは楽しくやれることが大切だしな。

そう思い、けっこう多くについて目を瞑《つむ》った。瞑らざるをえなかった。そうして僕のほうが「おかしい」かのような空気がときおり流れた。なーにを眉間に皺を寄せてがんばってるんですか、もっと楽しくやりましょうよ楽しく。

ときおり、僕は「多数派」へ語りかけた。

「会社をまわすためにはお金もある程度は必要です。楽しさだけではまわらないこともあるんです。お金がまわるには、信頼というものがいるんです。信頼というのは当たり前のことを当たり前のようにする、その積み重ねで生まれ、その当たり前というのは一日も支払いを遅らせなかったり、一冊いい本をつくった、思いをこめて本をつくった、でよしとはならず、出す本すべてがそうでないといけない。そのためには作家の方々から預かった原稿すべてに魂をこめ……」

だーれもいない野にひとり声を放つようなものだった。

少数派はつらい。

採用不況と先ほど述べたが、若い人たちを雇えば、その人たちが育つまでの期間、会社の生産性は当然さがる。若い人たちが多ければ多いほど、そうなる。それがために、会社は不況のような状態になりかねない。たとえば、自社でいえば、新卒採用メンバーは、最初の三年でゆっくり育ってくれたらいいからね、と言っている。出版のしごとで足腰ができるのにどんな優秀な人でも三年はかかるからだ。

これは出版のしごとにかぎらないが、いい仕事をするには技術が要る。そして技術とは「ねばり」にほかならない。技術がねばりを生み、ねばりが技術を支える。僕たちのしごとでいえば、最初に原稿をもらってから幾度となく原稿を読みこむ。十回以上読むことも珍しくない。内容は暗唱できるほど知っている。それでも、校了前に、もう一度読み込めるかどうか。一冊に魂がこめられるには、この「もう一回」が欠かせない。

これができるようになるには、どうしても年数が要るだろう。最初の数年は、一回読み込むだけでバテるものだ。「読む」以前に、校正記号の読み方、鉛筆の入れ方などの専門技術はもちろん、手紙の書き方から挨拶の仕方まで、いわゆる基本をおぼえるだけで大忙しなのだから。業界的には、これほどの期間をかけても技術を身につけたい、と若い人たちが思えるか。その魅力がこの業界にあるかどうか。これが肝要なのだが、いったん先をいそぐ。

会社運営でたいせつなのは、バランス。全体の三分の二が経験者、三分の一が三年以下のメンバーというのがちょうどいい。

それが現時点での結論だ。

ところが、75%が未経験者だった。そりゃあ、不況のように感じるのも無理はない。

二〇一七年春、京都オフィスを、名実ともに会社の中心にした。営業チームリーダー・ワタナベと仕掛け屋チームリーダー・ハセガワに、自由が丘オフィスから京都オフィスへ転勤してもらった。同時期、妻のアキコも産休から経理チームに復帰する。

これで、ひとり出版経験者の状態から、いっきに、中堅メンバーが過半数を超える体制に至った。

とたんに別会社のようになった。まったく、これまでがなんだったの？　と言わんばかりの変化だった。

こうなって初めてわかった。

自由でフラットで風通しがいいだけでは、会社は成り立たない。いわゆる「社会人」の常識と言われるもののなかには、生きるうえでとても大切なものが含まれている。

それを切に痛感したのは、まだワタナベたちが京都に来る前の段階で、父が亡くなったときだ。

葬儀を終え、もろもろの手続きを済ませ、久しぶりに京都オフィスへ出社した。たまたま僕が着いた時間に打ち合わせがおこなわれていた。僕もよく知っている人たちだった。

ちーす。

てな感じで挨拶された。

別にいいのだ。別にいいのだけれど……。

けど、ここは会社なのだ。みんな社会人なのだ。

最低限のあいさつはできるほうがいい。相手方がそうできるように、それくらいはうちのスタッフが外の人に伝えていてほしかった。

自分たちが伝えやすいこと、言いたいことだけを外の人たちに言う。それだけではときに不十分。友だち感覚だけでは、成り立たないことが商売にはある。

商売をする。仕事をする。それは、わざわざこういうことをしないと身につかない人間としての知恵や技や感覚や学びがあるからだ。

あの頃、京都オフィスには、こうした仕事の基本がすっぽり欠けていた。

学生時代までに培った価値観のみを是とし、それ以外の価値で働く人たちを眼中に入れない。そうした人たちへ敬意、礼儀をもって接することができない。それができるようになることは、人間としての器を大きくする機会である。自分の価値観を歪めたり、貶《おとし》めたりすることではまったくない。

わが身をふりかえって、反省する。若き日の閉じていた自分に言ってやりたい。礼儀を身につけ、他者に自然と敬意を抱けることは、自分をずっと自由なところへ導くのだよ、と。

だが、その違いがどうしてもわからず、同列に載せ、頑として自分の檻の中から出てこようとしないメンバーもいた。きっと、作家の方々はじめお世話になっている多くの方々へ少なからず迷惑をかけていたはずだ（ただただ申し訳ない）。自分が少数派であるがために、じっと耐え、いつかわかるときがくるはずだ、と信じることしかできなかった。それくらいは、たいてい一方通行だ。

ワタナベ、ハセガワが加わり、会社が変わっていくにつれ、しみじみと思った。風通しの良さとともに、縦の軸というものが会社には必要不可欠なのだなぁ、と。


ともあれ、先ほど書いたように、今年（二〇一九）に入り、メンバーも整い、営業チームが動きだす。新卒採用二人目のイケハタ（六年目）を中心に、いきいきとした動きを展開。数年前、京都オフィスに欠けていると感じた縦軸も、両オフィスでしっかり通った感覚をようやく得ることができた。

だが、四月以降、舟が重くなりすぎた。重くなった舟を動かせるほどにはまだ若手の力がついていない。そもそも個々の動きの精度をあげるだけで舟を動かすには限界がある。採用不況はつづいているのだ。四月時点で、経験者とそうでない人の比率が約半々となった。経験者率が三分の二になるには、あと数年はかかる。

その状況でできることは、チームとしてまとまるしかない。高度なスクラムができないと、たちうちできない。

とはいうものの、チームプレイ経験ほぼゼロ。高度なスクラムどころか、まともにスクラムを組んだことさえない。

だからまずは、スクラムを組める状態にすることから。僕は、四人のメンバーに具体的な指示を出した。「今週は、書店さん二十店にこの案内を徹底して」「来週は……」と。

もちろん、わかっていた。

どれほど指示したとおりに全員が動けたとしても、成果となって出てくるには数カ月はかかる。現実には、指示どおり即動けるなんてことになるわけがない。

だからといって、ここまでヤバいことになるとは……。

ツイラク危機が数字となって現出したのが、僕が営業チームリーダーとなった二カ月後のタイミングだった。

ちいさいとおおきいのあいだで

営業チームの再生、再建、というより、創業以来初めて営業がチームとなる動きがめばえた。これが八月のことだ。

その前月には既述のとおり、少部数レーベルをたちあげた。

つまり、二カ月つづけて「新しいこと」をした。

新しいことをする。それすなわち、農業における開墾作業である。この作業のあいだ、収穫はない。それを承知でおこなうのが開墾だ。

収穫なき開墾。

会社でこれを滞りなく実現するには、余裕がなければいけない。しばし収穫がなくとも、もつ。かつかつのタイミングで踏み出せば、開墾途中に餓死しかねない。要は、頃合いがとても重要となる。

ただむやみに新しいことをしたいわけではない。けっして新しいこと好きなわけでもない。本人の自覚としては逆だ。おっとり、のんびり、と生きていたい。そのためにこそ、開墾をする。今回の開墾も、僕なりに、このタイミングならもちそうだ、と判断してのことだった。

ところが。

十月の請求額の少なさは、七月の新レーベル創刊が直接的に響いている。要はこういうことだ。

書店55％買切で、二冊を同時に発刊した。55％という卸率は、これまでの卸率70％より15％少ない。しかも、少部数。創刊時に出した一冊『ランベルマイユコーヒー店』は、初版二五〇〇部を刷った。七月末時点での出荷数が約一五〇〇部。価格を二二〇〇円としたので、ざっと計算すれば、百八十万円ほどの売上となる。買切であるため、請求は八月中にほぼ終わっている。

つまり、九月末締めの請求には、七月の新刊分が含まれない。

これまでは、新刊本に関しては、七掛け（三カ月）委託で卸してきたので、納品から三カ月後末に締め、翌月末に入金があった。それが、今月はない。買切りという新レーベル創刊で挑戦した「ルール変更」の現実に自らぶち当たったわけだ。

しかも、新レーベル創刊にあたり、オリジナルのホームページを作成した。その際、初めて「おしゃれ」な空気をもちこんだ。少部数レーベルなのだから、「広く浅く」より「濃く深く」、コアな人たちに届くデザインがいいですよね、と考え、その意図を創業からずっとホームページをつくってくれているミノハラさんに伝えた。おかげで、いいものができた。が、ゼロからつくってもらったため、費用は百万円近くかかった。

収穫なき開墾時の大きな支出であった。


新レーベルの話の流れで、ひとつ大きな反省があった。

それは、先に触れた『ランベルマイユコーヒー店』と同時に刊行した本に関係する。結論からいえば、少部数の出版を掲げてたちあげたレーベルなのに、その本は、まったく少部数の初版とならなかった。実際の部数をいえば、五五〇〇部を刷った。既存レーベルでの初版より多いくらいだ。


いや、なにも少部数レーベルだから、部数が出たら困る。なんてことはまったくない。むしろ大歓迎である。「少部数レーベルからヒットが生まれました」、そう言ってみたいものだ。という夢想はたしかにあった。だからといって、初版から部数を多くする発想は、皆無であった。にもかかわらず、少なくない部数を刷った。で、数カ月経った現時点でいえば、けっこうな部数が余ったままである。


どうしてこんなことになったのだろう？

思い返せば、あの「名物」が裏目に出たのだ。

先ほど、人はいれどチームとして機能していないという話をした。だが、局面局面で、いいチームになることはしばしばあった。たとえば、仕掛け屋が中心になって自社の展示をしたときは間違いなく、ひとつになった。

くわえて、毎月、この瞬間だけはチームになっていたな、と思える時間がある。

それが、タイトル会議だ。

ある著者からは、名物と評されたこともある。

自由が丘と京都の両オフィスをスカイプでつなぎ、全員がホワイトボードにアイデアを出し合う。とにかく、いっぱい出す。いい悪いを問わず、数を出すことをいったんの目標にする。すると、まったく思ってもなかった角度から原稿を見ざるをえなくなる。

仮にとある陶器のコップをつくり、商品名をつけて売り出すとする。そのとき、◯◯焼きのマグカップ、◯◯焼きのコーヒーカップ、などの名前がいいと全員が思っている場合であれ、全然ちがうアイデアを出す。そういう縛りを設ける。すると、コップを手に、横から見たり、裏返してみたり、覗き込んでみたり、全方位から見ざるをえなくなる。結果、コップの裏に黒点があるのを見つけるかもしれない。それを見つけた一人が、こう言う可能性だってある。

「く、くろい点があるんで、く、くろちゃんとか！」

それを受けてほかの人が、「いや、それよりこんなのどうかな。くろい点を黒と言わずに、ほくろと見立てて『ほくろマグ』とか」

「あ、ほくろで思いついたんですが、くろいシミ……あ、そう、くろシーミ、なんてどうかしら」

……はっきり言って、迷走である。

迷走ではあるが、こういう寄り道をすることでしか辿りつかないアイデアだってある。すくなくとも、「多くの案を出すのじゃ」という縛りを設けることで、さまざまな角度から見ざるをえなくなり、そうしないかぎり見えてこないものは確実にあろう。顎の下に隠れたほくろは、わざわざ見ないと気づかない。

自社では、このタイトル会議を経て、幾度となく恩恵を得てきた。のちに、毎日出版文化賞特別賞を受けることになる、松村圭一郎さんの『うしろめたさの人類学』はこの好例だ。当初、著者と担当編集者である僕のあいだでは、「世界に〈スキマ〉をつくる」という案でほぼ決定していた。ところが、タイトル会議では、まったくちがう案が噴出する。

「世界に境界線をひきなおす」「つながり学入門」「エチオピアから世界を見る」「物乞いにお金を与えるほうがいいですか?」「世界の触り方」etc.

うーん、どうしようね。いろいろ出たものの、決定打がない。

やっぱり当初案が一番いいかな。

一瞬、場がしずまりかえった。そのときふと編集のホシノが口をひらいた。ちなみに彼女は今回の本の直接の制作担当ではない。

「ゲラを読んでると、『うしろめたさ』って言葉がよく出てくると思うんです。それをタイトルに生かせるといいのかな、と思って。たとえば、うしろめたさの人類学、とか」

ホワイトボードに書いてみる。

「うしろめたさの人類学」

うん、なるほど。これは実に魅力的なタイトルだ。

この案を含めこれまで出たタイトルのなかでベストを決めるため、全員で挙手をした。

最終的には、「うしろめたさの人類学」が満票だった。

タイトル会議後すぐに、松村さんに電話を入れる。いちおう補足しておくと、彼は僕の大学時代の無二の親友である。創業前から、いつか一緒に本をつくろうと語り合った仲だ。それが十一年のときを経て、ようやく完成しようとする一冊であった。

意気揚々と僕は言った。

「タイトル決まりました。『うしろめたさの人類学』で！」

「え、えぇーーーー」

電話口からは著者の叫ぶ声が聞こえてきた。それを聞いて僕は、「大丈夫です。これですよ！」と答えた。「あ、そう、わかった。とりあえず原稿読み直してみます」と彼は言った。が、もうこの瞬間、二人のなかで確信がめばえていたのは間違いない。

かようなブレイクスルーがタイトル会議経由で、ときおり起こる。少部数レーベルの第一弾でのタイトル会議でも、同様のことが起きた。著者は大阪大学医学部教授の仲野徹先生。『こわいもの知らずの病理学講義』が大ヒットした先生だが、今回は、地元大阪について著名人たちと対談した本である。雑誌「望星」で、「大阪しち〜だいば〜」と題して約一年連載された対談集を手がけることになった。対談のお相手は、高島幸次先生、江弘毅さん、堀埜浩二さんら、僕たちもよく知る大阪のツワモノたちから、キダ・タロー先生、柴崎友香さんといった大物まで。そのいちいちがおもしろい。

とはいえ、テーマは大阪、しかも対談集というもっとも売れにくいジャンルに類する。

こういう企画こそ、「ちいさい」規模で循環していくのがいい。

それで少部数レーベルからの発刊となったわけだ。

タイトル会議の日。

これもまた紛糾した。あがったタイトルの総数は四〇ほど。「大阪人もびっくり」「大阪ええとこー」「知らんかった大阪」「大阪のはなし」「ぎっしり大阪」「ちゃうんちゃう」。しかし、決定打が出ない。迷走を象徴するように、「大阪もびっくり」というタイトル案の横にはテニスの大坂なおみ選手のイラストまで描かれていた。

今日は無理だな、と一瞬思った。これ以上時間をかけても、いいタイトルに辿りつきそうにない。半分あきらめかけたとき、誰かが「仲野教授の大阪の話、大阪の人らは好きやと思うんですよね」と言った。おおさかのはなし。

僕のなかで、何かが急に動き出した。

「仲野教授のおおさかのはなし、をしよう。うん、これだ！

『仲野教授のそろそろ大阪の話をしよう』」

「うおおお」

空気が一変。場の温度がいっきにあがった。満場一致でこれに決まった。

「売れますね」

「これ、売れますよ！」

「売れるね」

口々に言った。仲野先生に本書の編集担当の二年目ノザキがメールでお伝えすると、先生から即レスがきた。見たこともない大きな文字で、こう記されていた。「最高です。」

タイトル会議を経て、ちいさい、どころか、全員がおおきな気になった。

名物の効用が効きすぎた。効きすぎる薬は必ずリバンウンドがくるものだ。二カ月後、見事にそれはやってきた、といえようか。

終わりと始まり

ツイラク危機の連絡を受けた金曜日夜、すぐにメンバーに連絡を入れた。

「お疲れ様です。先ほどTくんから今月の請求額きました。創業以来過去最低の額です。ご存じの通り、今月末は一年でもっとも支払いが多い時期。銀行の融資を受け、私個人の貯金を全額出して、なんとかしのげるかどうかでしょう。半年間、毎月目標を下回りつづけてよくもったと思います。今月、目標を一円でも下回るようなことになれば、来月、倒産するしかありません。

このまま営業チームの五人のうち誰か一人でも、絶対に、と頼んだことをやらないぬるいチームのままでは、結果は変わらない。絶対に、は絶対やるようにしてください。実行しないなんてことは二度としないで。よろしくお願いします」

奇しくもその週末、ラグビー・ワールドカップで日本代表が、開催時点で世界ランキング一位だったアイルランドに勝利をあげた。快挙、快挙、快挙。と、列島が興奮の坩堝《るつぼ》に巻き込まれた。その勝因は、「ワン・チーム」。控えのメンバー含めて全員が戦術を細部に至るまで理解して、それを実践できる。十五の点が動くのではない。ひとつの巨大な塊がフィールドを蹂躙する。たしかに、そんな試合を日本チームはした。

テレビで観ながら、感動した。同時に、自社とはほど遠いな、と思わざるをえなかった。

「これまで、個の動きだけできすぎた。編集は僕がやり、仕掛け屋ハセガワが躍動し、営業のイケハタくんも成長著しい。個々で見れば、どのメンバーもいい仕事をしている。けれど、それが掛け算になっていない。

ずっと小舟だ、小型飛行機だ、そう思ってやってきたけど、実際は、アルバイトさん入れて常勤十四人が働いている。しかも、いま、来年の四月に新人を入れるため、新卒採用もおこなっているんだ。もはや小舟ではない。船にせよ、飛行機にせよ、動力が要る。動力とは、チームがチームとして機能することだ」

今さらながら、チームで働くということへ意識が及び、血が通いだした。

週が明け、みんなの前で自分の思いを語った。

「創業以来、一冊入魂を掲げてやってきました。十三年前から出版不況はさんざん言われてました。けど、そんなことはないだろう。まだまだ、出版でできることはある。そう思い、ひとつひとつ積み重ねて、今日に至るわけです。その過程でこうしてみなさん一人ひとりが集まり、いま、一緒に働いている。一緒に働くということは、楽しいことばかりを共有するのではありません。苦しいこと、しんどいこと、そうしたことは数知れずあります。そこを共有し、一緒に乗り越えていくからこそ、楽しさ、喜びも格別なものになる。いまここにいるメンバーは最高のメンバーだと思っています。このメンバーと働くことができて、ほんとうにしあわせです。

ですから、できるだけ、一緒に長く働いていきたいと思っています。

けれど、もし一人でも、著者の方々が思いをこめて書いてくださった本を、読者に届けるのはむずかしい、市況は冷え込んでいるし、とそんなふうに最初から外的環境のせいにしているとしたら、それこそ一緒にやること自体がむずかしくなります。売れないんじゃないかな、と思いながら営業をして、勝手に本が売れていくほど、現在の市場は甘くはない。思いをこめて届ける。本気でそう思って、一冊を案内する。これを一店舗、一店舗にくりかえしくりかえしおこなって初めて、ようやく届く可能性が出てくる。そもそも、必ず届くんだ、と自分たちが思えなければ、本がかわいそうです。著者の方にも申し訳がない。

そういう仕事はもう、二度と要りません。

中途半端な仕事をしたり、形式的にだけ仕事をするようなことは、この小舟の会社では不要です。

本気で、一冊をつくり、届ける、これをまっすぐ気持ちよくできる人たちとだけ、これからも働きたい」

いい切った。見回すと、全員、どこかふっきれた表情のように見えた。

こう語ったとき、やはり、ラグビー日本代表のことが念頭にあった。アイルランド戦後、スタンドオフの田村優選手が「誰も自分たちが勝つとは思っていなかった。だけど、自分たちだけは自分たちの勝利を信じていた」と語った。それだけの練習、準備をやってきた、と。

もちろん、会社運営はスポーツではない。勝った、負けたがない世界だ。スポーツのようにとらえることで生じる弊害ははかりしれない。僕たちのいる業界でも、短期的な結果（勝利）を優先してきたことが、結局のところ、出版不況と言われるものを長引かせているような気もする。スポーツと仕事を同列で論じるのは必ずしも賢明ではない。だが、一流の選手、一流のチームからは一流の仕事をすることについて得るものは少なくないはずだ。勝った負けただけに意識を向けていては、表面的な学びしか得られないだろうが、スポーツを仕事としてみたとき、あらゆる産業から学びを得ることができるのと同様、ヒントは大いにある。

自分たちでいえば、自分たちが一流のチームになること。いつまでも、一年目、二年目の会社のときのように、へなちょこではいけない。これからの時代を切り拓く会社でありたい。そのためには、スポーツであれ、他産業であれ、学問であれ、ありとあらゆるものからスポンジのように吸収する必要がある。

その日、京都オフィスのメンバーと個別に話をした。みんな、「やるだけです」「とくになにもありません」と口をそろえた。

十三年かかったけれど、ようやく会社がチームとして機能した。その一歩を踏み出した。これは、創業以来、初の感覚であった。

この日の夕方、近所のかもがわカフェに行った。来年二月刊行予定の原稿を読みながらときどき、ふー、と息を吐いた。そうしてコーヒーの温かさが胃にしみこむのをゆっくりと味わった。

世界観？

この数年は毎月、サポーターに手書きのサポーター新聞を送っている。巻頭は僕がその月に起こったことなどを書く。十月の終わり、新人スガくんから、「巻頭文よろしくでっす！」とＢ４の紙を渡された。

僕はＢ４の紙の上三分の一の白紙に、ペンを走らせた。

「十月二十日に発売となった『バンド』（クリープハイプ著、聞き手・木村俊介）。自社にとっては、四月刊の益田ミリさん『しあわせしりとり』以来の大部数初版でのスタート。文字通り、社運をかけて。もちろん、存じております。経営的にいえば、あまりしばしば社運をかけるものではありません。波風たてず、粛々と日々の仕事に向き合ってこそ、いい仕事ができるもの。重々承知しているつもりですが、なにぶん、小舟であります。にもかかわらず、ときに大型船のような航海（大部数）に挑戦せざるをえなくなる。望んでそうなる面と、流れで気づけばそうなっていることの両方があります。ともあれ、大航海を小舟でしようとすれば、リスクがきわめて高くなるのは避けて通れません。必然、社運をかけることになる。『売れない』ということが絶対にあってはならない背水の陣を敷いての日々が始まります。それが今です。毎日、南無阿弥陀仏と声に出し、祝詞《のりと》を唱え、ああ、神様、と言ってみたり。とにかく、売れますように、売れますように、と祈っています。この思い、どうか届いてほしい。すくなくとも、サポーターの皆さんにだけは届きますように」

この月、クリープハイプというバンドの『バンド』と「ちゃぶ台」第五弾を同時発刊した。この二冊が売れてくれないと困る。サポーター新聞には、『バンド』の初版部数が多いからと書いたが、リスクが大きいだけが理由ではない。売れないと返品がどっときてリスクが高いから、というう経営リスクとともに、売れないことには、来月以降の現金が足りなくなるかもしれない。そんな身も蓋もない理由があった。

十二月某日。森田真生さんの「数学ブックトーク」を長年、主催しているが、そのイベントの打ち上げで彼から指摘を受けた。驚いたことに、サポーター新聞を熟読してくれていた。

「ミシマさんの切実な、売れないと会社が困ります宣言を読んで、そうか、と思って新聞を見ると、裏も表も、営業メンバーのバンドものまねの写真がいっぱい。宣言とそれを実行する方向性がまったく合ってない」

森田さんはそう言って笑った。いや、笑ったというか、苦笑された。

言われて初めて気づいた。

僕は白紙に書いたので気づかなかったけれど、刷り上がった紙面には、営業メンバーがクリープハイプのメンバーを模した写真が何枚も掲載されていた。模したといっても、まったく似ていない。ワタナベは、たんにロン毛の金髪のカツラをかぶっただけだし、ノザキはハットをかっこよくかぶるギタリスト小川さんのつもりか、なぜかドジョウ掬いのような編み笠をかぶっていた。モリくんは、つけヒゲをしたが、まったく誰のマネかわからない。クリープハイプのメンバーにあんなヒゲ面の人、いないでしょうが。

きわめつきは、イケハタくんだ。

ちょっとおかっぱのようなカツラをかぶり、やや上目づかいでポーカーフェイスで写っている。アンニュイ。そうとでも言いたいのだろうか。尾崎世界観さんに似てません?

ハニカミを抑えた口元から、そんな主張が漏れてくるようだった。

二〇一七年、二年前の秋。

京都オフィスに自由が丘メンバーが来て、合宿をしたときのことだ。ろくに事業計画もつくったことがなかった僕たちが、みんなで事業計画をつくろうということになった。その前に、僕が会社の数字にまつわる基本をレクチャーした。

「仮に、利益率が50％とします。わかりやすくするために、あくまでも仮に、ですよ。一〇〇万円の売上がたったとします。利益率が50％とすれば、利益はいくらになりますか？」

「五〇万円です」

「そうですね。この五〇万円のなかから、人件費、営業日、交通費、家賃などが発生するわけです。いいですね？」

「はい」と一同、小学生じゃねえんだ俺らは、バカにするな、と言わんばかりの顔つきでうなずく。

「じゃあ、皆さんの給料を年間ベースで五〇万円増やそうと思えば、いくらの売上増が必要でしょう？　いま、十人のメンバーがいますよね。この十人全員の給料が一年で五〇万あがるには、全体でいくら売上増が必要か。いったん、その増額をすべて人件費に使うと仮定して考えていいです。どうだろ、イケハタくん？」

イケハタは、待ってましたとばかりに、自信たっぷりに答えた。

「五〇〇万円です」

「利益率は50％ですよ」

「はい、五〇〇万円です」

なぜか、自信満々のイケハタだった。

結局、その日は、事業計画づくりどころではなかった。もう一度、基本のキから説明するだけで時間切れとなった。

あれから思えば、現在のイケハタくんの活躍ぶりは隔世の感がある。とくに今年に入ってからの成長は目をみはるばかりで、著者、書店員さんからの信頼も厚くなった。

そうして、会社が絶体絶命のピンチに陥ったタイミングで、世界観さんの表情をまねている。そのハニカミの裏に、ドヤ顔を隠して。

もちろん、著者のマネをしたところで本が売れることはない。むしろ、逆効果の可能性だってある。ファンの人たちに、「なにあの人たち!」「やめて、あんな顔じゃない!」「メンバーに失礼です」と怒られ、叱責され、リンゴの皮くらい飛んでこないともかぎらない。不買運動が起きないと誰がいえよう。

森田さんの言うとおり、社運をかけるということばと、実践の方向がまるで反対だった。

しかし、結果だけ見れば、イケハタくんの隠れドヤ顔が外れたわけではなかった。

森田さんの心配をよそに、この月、創業以来、単月で最高の売上となった。ツイラク危機を回避。全力で走る方向を間違った結果、そうなったのか。たまたま運がよかったからか。それとも、もっとちゃんとやっていれば、もっと売れたろうか。それは「かみ」のみぞ知る?

第七章
マグマとスキマ

既視感

二〇一九年九月五日台風一五号が発生し、九月九日に千葉県に上陸、十月六日には台風一九号が発生し、十二日に静岡県に上陸した。

十五号では千葉県を中心に停電と断水がつづく。一九号は福島、宮城、神奈川、長野ほか北関東など十三都県で九十四名もの命を奪った（二〇一九年十一月二日時点）。この台風後にも一部の地域で断水が起きている。

そのたび、既視感をぬぐえない。

お風呂、食事、トイレがままならないのはもちろん、顔を洗う、汚れを拭く、といった「ちょっと」が凄まじく不便。開店できない飲食店、ものがつくれない工場。ポリタンクをもって給水車を訪れる人たち。

この光景、前の年にたしかに見たことがある。

そうだ、周防大島での断水事故だ。二〇一八年十月二十二日未明、ドイツの会社が保有する一隻の貨物船が大島大橋に衝突。原因は航路の間違い。初歩中の初歩ミス。それにより水道管が破裂。その後、断水は約四十日つづくことになる。あのときの島の断水の光景と重なってならないのだ。

事実、周防大島在住のチンさん（中村明珍《みょうちん》さん）も、「同じに見えてしかたない」と言っていた。

おそらく無念なのだろう。

チンさんからすれば、自分たちの苦労はなんだったのか、と思わずにはいられないにちがいない。自分たちが体験したことが全然生かされていないではないか、と。

――周防大島の断水時にもっと向き合えていれば……。こうした災害が起きたときに、もっとスムーズに対処できただろうに。周防大島で起きたことが「経験値」になっていない。

そんな叫び声が聞こえてくる。

実際、あのとき、国は周防大島の断水を「ない」ことにした。すくなくとも僕にはそう感じられた。

二〇一八年の十一月三日、年に一度の大きなマルシェ「島のむらマルシェ」が中止となった。水が出ないことをうけての判断だ。

中止が決まった数日後、マルシェの運営メンバーである内田健太郎さん（養蜂家）から連絡がきた。

「こんな時だから、みんなであったかいごはんを食べよう。」会の開催を検討している、とメールには記されていた。

ぜひ、開催してください。微力ながらご協力できるかぎりのことをしたいです。

と返信をした。ほどなく、開催を決めたとの連絡をもらった。

営業のタブチと僕は、三日の朝、広島駅前でレンタカーを借り、事前に注文しておいたペットボトル二〇〇本を乗せて、一路周防大島をめざした。

行ってみて、百聞は一見にしかず、と実感した。人生で一、二番目に覚える、この月並みな格言が、深い真理となって迫ってきた。

自衛隊は早々に撤退、給水所は限られていてそれを持ち帰るだけで重労働、すでに足腰を痛めた高齢者が日に日に増加、通院者があとを絶たない、育ち盛りの子どもたちにはまったく不十分な給食……。

貨物船の会社の補償もほとんどないらしい。少なくとも、橋と水道管の工事を船の会社が責任もっておこなうようなことはない。行政の発表では、復旧の見込みは遅れるばかり。東京五輪の工事で人と材料が奪われ、回ってこないという噂も……。

ジャムズガーデンで働く知人は、「水がなく、新しいジャムを作れなくて。スタッフも休業せざるをえない状態です」と語った。

島を一歩離れたとたん、まったく聞こえてこない話ばかりだった。

どうして？　なぜ政府もメディアも放置するのか？

本気で復旧をめざせば、すぐにできるはずだ。

「断水は人命にかかわる一大事」「人命救助は国家の最優先事項」、これが当然であれば、人員とお金と技術を投入して数日で解決できるレベルの事故ではないのか。

どうして、見捨てるのか？

はげしい憤りをもって本州に戻ってきた。

唯一救われたのは、島の少なくない人たちが、「こうして外（の人）との接点がないことが不安だった。ミシマさんと話していて、それが今わかりました」などと言ってくださったことだ。

「この状態が異常なのかどうかもわからなくなっていた」とも。

むろん、「救われた」と書いたのは僕自身に「うしろめたさ」があるからにほかならない。

自分なりに手を差し伸べたところで、しょせん、当事者ではない。お風呂に入り、お茶を沸かし、用を足せば水を流す。そうした日常を、チンさんたちが困っているこの瞬間にも、僕自身は不自由なく過ごしているのだ。

そうしたうしろめたさを感じつつ、せめて寄付を募りたい、と提案した。チンさんや内田さんたちと相談し、顔の見える範囲の寄付であればありがたいと言ってもらえたので、サポーター限定で寄付を募ることにした。そのお金で、毎週末、「あったかいごはんを食べよう。」会の運営費に充ててもらったり、チンさんの家の一角に、「どうぞご自由にお持ち帰りください」とペットボトルを置いてもらったりした。

次元のちがう声

今年（二〇一九）の七月、五年目となる「ちゃぶ台」の取材で周防大島を訪れた。中村明珍さん、内田健太郎さん、そして農家の三浦宏之さんにじっくりと「断水」のことをふりかえってもらった。その座談会で、衝撃の事実を知ることになる。

それは、真っ昼間に起きた怪奇事件さながらの事実だった。

なんと、あの断水時の四十日間は、「非常時」ではなかった……！

行政的には平常時扱いだった。そのため、非常時のように物事を判断し、決定することができない。たとえば、給食は井戸水が出る家庭がつくってふるまうという「例外」がNG、ボランティアは給水場所でだけの行動に制限される。そのため、ご老人が重たいものを腰を痛めて運ぶ姿を見ても、手をさしのべることが許されない。そんなことをすれば「不審者」扱いされてしまう。

なぜなら今は、非常時ではないから——。

これほどバカなことがあるか。
あのときの不自由な日常が非常時ではく「平常時」というなら、国や行政など要らない。心の底からそう思った。

いや、なにも周防大島だけのことではない。

二〇一八年の夏は、西日本が集中豪雨に見舞われた。僕の住む京都の街並みも変わった。鴨川の大木が、下鴨神社、御所の木々がなぎ倒された。「ちゃぶ台」に毎年寄稿してくれている漫画家の榎本俊二さんからは、「ぼくの住む三次《みよし》（広島）の橋は落ちたままですよ」と聞いている。

建物にかぎらず橋や鉄道などまだまだ壊れたままのところがある。

そうした復旧より、打ち上げ花火だ、お祭りだ、東京五輪だ、だ。五輪に費やす国家予算は三兆円を超えるという。

優先順位を完全に間違っている。

こうした思いが、「宗教×政治」号を掲げ、「みんなのアナキズム」を特集の一つに据えた、「ちゃぶ台Vol.5」の巻頭文に結びつく。

「今、私たちをとりまく環境は、実態としてすでに『無政府状態』に近い」

あのとき、周防大島にちゃんと向き合えていれば、今年（二〇一九）の災害もすこしは軽減されていたかもしれない。災害が起こること前提の社会設計になっていたかもしれない。

チンさんや僕が感じた無念は、ここにある。

無念の理由は、国や行政だけに向けられているわけではない。

むしろ、足元に、問題は潜んでいた。

断水から四、五カ月経ったころ、周防大島を訪れ、皆さんと話すうちに見えてきたのは、島内の「見えない対立」だった。

それは、「あるがままを受け入れる派」と「問題を変革したい派」の対立構造である。前近代派と近代派の対立と言えなくもない。あえて単純化すれば、前者は損害賠償を求めず、後者は求める。二〇一九年の春の段階で、三十億円の損害に対し、船を所有するドイツの海運会社の賠償は僅か二十四億円と発表された。だが、この状況を前にしても、島が一丸になることはむずかしい。

これもまた、周防大島にかぎった話ではない。日本中、いや、世界中で起こっている「分断」の縮図と言える。

強い経済力、高い株価の実現が最優先、と主張する人々。そうした経済最優先が生きづらい社会をつくってきたのだと反論する人たち。

問題は、分断された一方のほうにもさまざまな対立が生じていることだ。

たとえば、会社の状況がよくない、という場合にも同じことが言える。

進歩史観、進歩思想を前提に、イノベーションを起こして乗り越えよう、改善を図ろうとする近代派。昔がよかった、とすべてをあきらめてしまう、あるいは波風たてず、行動を起こさず、ただ粛々と日々を生きる前近代派。

いい会社であってほしい、という根っこの思いは同じであっても、「いい」と考える土台がちがう。その離れたふたつの土台に橋がないため、事態が動かない。

周防大島の例はそうした見えない対立の縮図だと感じた。

こうした思いを抱えながら「ちゃぶ台」を編集していた折、一冊の本に出会った。

『未来への大分岐』。このなかにそのヒントとなる事例があった。

アメリカの先住民スー族の居住区に石油パイプラインを通す計画がもちあがる。その反対の仕方がおもしろい。土地の所有権を主張するのではなく、「地球との新たな関係」を求めて訴訟を起こしたという。もともとあったものを「地球に返す」、そうした判断と行動を促したわけだ。

なるほど。

これは、どっちかが勝ち、どっちかが負けるという近代の訴訟のあり方と一線を画する。むろん、すべては無常のこととして、じっと黙って我慢して、なかったことにする、そうした態度でもない。

声はあげる。

が、一方が他方をやりこめることを目的とはしない。

次元のちがう声のあげ方だ。

こうしたものが、切実に求められる時代にいま私たちはいる。

香港の混迷をみれば、そのことを痛感せざるをえない。

前近代の象徴とも言える一党独裁の中国。それに対し、香港市民の一部は、強者に弱者が勝てるわけがない、と押し黙る。また一部は、香港自治の自由や民主主義が犯されるといって対立の声をあげる。二〇一九年十一月の時点では、まったく解決の緒《いとぐち》の見えない泥沼と化している。

前近代の負の部分と近代の限界がぶつかり合っている。つまり、前近代的な強権主義に対し、自由、所有といった権利の侵害を主張したり、民主主義という価値の上に立って対立をする構造だ。

もちろん、前者より後者のほうがいいと僕も思う。ふたつを土俵にのせ、どっちを選ぶ？と訊ねられたなら。いっさいの迷いなく、後者です、と断言する。

いったん、二者のうちならこっちがベターだからこっちにしましょう、そのうえで悪い点をよくしていきましょう。これがキンダイの歩んできた道だ。

だが、この発想・やり方では乗り越えることのできない局面、限界に世界中が直面している。「どちらか」では行き詰まるという点では同じだ。どちらかではない、双方のいいとこどりでもない、まったくちがう視点へ。

おそらく――。

人間視点から地球視点へ。

そうした新たな次元に立つほかないのではないか。

おいおい、個人の価値から離れることで全体主義は生まれるのですよ。キンダイの見直しが起こるたび、全体主義が台頭してきたではないですか。

たしかに、それはそうだ。けれど、地球視点は全体主義とはまったくちがう。個人か、全体か、といったとき、実は、全体といっても人間の集積としての全体であり、その点において「人間」という枠組み・次元に収まっている。しょせん、そこには人間しかいない。人間の欲望のもち方が、個の欲望よりあらゆる点において全体(多数派の欲望、と見せかけ一部の権力者たちの欲望になりがち)が優先されるということだ。だが、地球視点は、「人間」の集積ではない。地球に欲望があるかどうかはわからないが、地球にとって、を基準にするということだ。

近年、菌目線に惹かれていたのは、地球視点への助走だったのかもしれない。「人間」のほうに回収されない知恵からくる提案、声のあげ方をする。そうしないかぎり、世界中で頻出する対立が次の段階にいくことはないのではないか。

会社というチキュウ

これを書いている真っ最中に、会社の体制を一新する。二〇一九年十一月一日から、五チーム・五組制、ひとり二チーム所属制という編成を敷いた。

そして、「次元のちがう声」執筆から数週間が経つころ、この編成の意味にはたと気づく。

そうか、地球をつくりなおす。いや、地球が生まれなおろうとしている。

同じように、会社も生まれなおるときがきているんだ。

今回の五チーム・五組という編成は、その一歩である気がしてきた。

キンダイと前キンダイ、そのいずれも行き詰まっている。現代に生きている私たちは、必然的に、より今に近い時代の価値によりかかって生きる。けれど、今を生きながら、すこし先の未来の価値を生きることはできないか。つまり、これまでの価値のどちらか、あるいは、そのいいとこどり、というより、さらに先の次元。

「次元のちがう声」では、人間が得するのではない次元の視点として地球視点をもちだした。

もちだしたものの、地球は巨大だ。手にあまる。どころか、もったらとたんにこっちがつぶれる。そんな「地球」次元に、ひとりの生活者がすぐに立てるのだろうか。自分で言っておきながら、怯《ひる》む気持ちがないわけではなかった。

一方で、会社はどん底を迎えた。夏前の落ち込みが秋になって表面化した。

そこから、創業以来初めて、チームとしての動きを求めた。その結果といえるかどうかは定かではないが、十月は創業以来、過去最高の売上となった。

だが、それはそれ。

会社の枠組みが変わったわけではない。次元が変わったわけではないのだ。

同じ枠組みのまま、経営的によかった月があった。ただそれだけにすぎない。

どん底と急上昇のジェットコースターを降りるときだ。そして、地球視点の実践をまずは足元から始めたい。

そのためには、自社を地球視点からとらえなおす必要がある。

……

……

会社を地球に見立てればいい？

うん、なるほど。

会社という地球をやりなおす。

こう考えればいいのではないか。


地球が悲鳴をあげている。会社や企業が自分たちの利益を最優先にしていては地球そのものがもたない。そもそも、多くの会社が採用してきたキンダイの効率主義やら合理主義やらが制度疲労をおこし、人々の活力を奪っている。限界がきている。

こうした時代に、どう地球と接していくかを考えなくていい人なんていないはずだ。

自分の持ち場で考えたとき、その一歩目が、会社を地球と見立ててみることだと直感した。

というわけで、実際に会社を地球と見立ててみるとしよう。


地球はどんな形か？

球形。

はい、ではどんな構造ですか？

ええっと、中心にマグマがあって、地表は海と大陸で覆われてます。

ブッブーーー。地球の中心はマグマではありません。鉄です。

えっ？

もっと正確にいえば、鉄の塊の内核が中心にある、そのまわりに鉄の海が流れています。この海を外核といいます。内核と外核をあわせて地球のコアと呼んでいます。

あのぉ、僕が小学生くらいのとき、地球の中心はマグマと習ったと思う記憶が……。けっこう真剣に勉強してたから自信もってそう信じてきたんですが。

一九八〇年代に科学の大きな発見がありました。ただ、それが教育現場にすぐに降りてくるわけではないので、もしかすると、マグマと習ったのかもしれませんね。

そうなのか……。

と三十年以上の地球観がいともかんたんに塗り替えられてしまった。科学ってすごい。もっともっと勉強しなければと痛感した。

会社を地球に見立てるという試み自体も断念せざるをえない。さすがに地球と会社を同列に見立てるのは無理があった。とわが直感の頼りなさを反省した瞬間、ああ、そうか、たんに会社を球体と考えてみればいいのだ、と思い直した。ここで考えるべきは、死に体同然の球体を生きた球体にするにはどうすればいいか、である。会社を地球そのものに見立てることに固執していては本末転倒だ。

その球体を仮にチキュウと呼ぶことにする。僕の脳内で長年育ってきた惑星。生命のボールみたいなやつだ。

チキュウの中心には、マグマがある。誤解なきよう補足するが、ここで述べるマグマは熱源の比喩であり、マントルが溶解した溶岩石ではない。

マグマがいきいきと燃えたぎり、そのまわりを構成する球体がすこやかにのびやかに回転しつづける。時間の経過とともにチキュウが停滞するのではなく、ずっといきいきとまわりつづける。

そうあるためには、いったいどうすればいいのだろう?

グレーの正体

すでに述べたとおり、今年の一月から三月まで、会社が初めてチームとして機能したように感じた。それぞれが自分の役割をわかり、その仕事に集中した。会社がちいさなひとつの熱源の塊となって、回転した。マグマそのものが動いているような状態になった。

しかし、四月に人が増えたタイミングで、回転速度が弱まる。ぎゅっとひとつの塊となっていたのが、ほどけてしまった。

もっとも、ほどけないことには、新人や外からきた人たちが自分たちの輪に入ってこれない。彼らからすれば、マグマにせよ、熱源にせよ、塊のままいられたら火傷《やけど》する。お熱いのはよくわかったんで、ちょっとスキマをつくってもらえますか。僕たちも、仲間に入りたいんで。と彼らが言うまでもなく、自然とほどけていった。ワタナベが営業事務を離れ、営業の現場に復帰し、チーム編成が変わったこと。新人スガがいわゆる社会の空気をいっさいまとわない男であったこと。主にこのふたつが要因だが、とくにスガくん入社は大きかった。

自社に来る子にはすくないが、イベントなんかに呼ばれていくととても意識の高い学生に出会うことがある。「社会人みたいやなぁ」と思ってしまう。とりわけ東京はその傾向が強いと思う。だが、東京の学校に通うスガにいたっては、社会人臭が絶無だった。全身フレッシュマン。奇跡的なまでの素朴さをもちあわせた男がその空気のまま入社した。スガの素朴さマグマが、会社の仕事マグマとぶつかったとき、仕事マグマのほうに新鮮な空気をもたらした。その空気は、仕事マグマをほどよく緩めてくれた。

あのとき、二人が入社することなく、塊となった状態のまま、突き進んでいたらどうなっていただろう？

もしかすると、この十月に味わったどん底に出会わずにすんだ可能性がある。

強いワンチームだけが可能にする質の高さ。開かれない扉を開けてしまう奇跡のような動き――あのときのまとまり力を維持したまま進んでいたら、自社の本は市況に関係なく売れる。止まらぬ快進撃。ラグビー・ワールドカップ予選の日本代表のようなことになっていた可能性はゼロではあるまい。

しかし。

どこかで突沸《とっぷつ》を起こしたのではないか。熱が上がりつづけたまま、その熱の逃げ場を蓋で失ったガラス製のコーヒーサーバーのように。もしくは、その勢いのまま突っ走り突っ走り、突っ走り、燃え尽き、あしたのジョーのように灰になっていたかもしれない。

そう思うと、あの時点で、ほどけてくれたのは幸運だった。

そして、この仮定をしたことで、あのグレーの正体がついにわかった。

新人の頃から感じ、距離を置こうとしたグレーの世界。あれは、熱のないマグマ、灰と化したただの塊だったのだ。マグマもどき。

キンダイ産業の夜明け、あるいは創業期にはあっただろう熱。マグマの種火。

種火とは、「何のために自分たちの仕事をするか」という熱い思いだ。

その熱の輪がじょじょに大きくなり、仕事マグマの塊となる。だが、熱をおこした人たちが去り、右肩上がりの成長もいつかは終わる。そうなると、塊が成功体験として刻印され、その成功を手放さないことが目的となる。塊を中心に据え、それを必死になって守ろうとする。ガチガチに守りをかためる。縦割り組織とシステムで堅牢にかため、外の息が塊に触れることを絶対に阻止する。もはやマグマではまったくない、ただの塊を印籠のように奉って。その周りをコンクリート製組織で塗り固めて。

新人時代の僕がスガくん並みに全身フレッシュマンとして入社し働きだそうとも、社会人三年目に火の玉ボーイとなって会社の改革を提言しようとも、なんら変わることがなかったのは当然だった。成功体験の鎧で囲い込まれたマグマには、こちらの空気や火が触れることはけっしてないのだから。新人の火が届くわけがない。

社会のことは何もわからず、二十年前、直感しか頼るものがなかった。そんな僕に僕の直感が、就活の段階から、日本の企業たちに触れるたびに、「グレー」と告げたのだ。あれから二十年が経ち、そのグレーの度合いはどんどん増している気がしてならない。

いま、気候危機が地球を襲っている現実を前に、若者たちがデモを起こす。が、政府も企業もぜんぜん本気で向き合おうとしない。それは、日本という国が、燃えカスを中心に据え、それを大事に大事に抱え守り、死に体と化したマグマを新生しようとはしない、そのなによりの証拠だ。

いや、国や大企業のことを語る前に足元を見つめ直すべきだろう。創業から干支《えと》を一周した程度の自分たちでさえ、ときに硬直化する。常にグレー化しかねない。

どうして、僕がこれほど忌み嫌うグレーが忍び寄るのだろう？　と考えてみると、中途入社のメンバーが持ち込む可能性は否定できない。この十数年のあいだに十〜二十人が中途採用で入ってきた。最近になって、彼ら、彼女らに職種を問わず共通の特性があることに気づいた。それは、とにかくすぐにガードする癖がついてしまっていることだ。楽しく、おもしろく、と謳い、ミスはしていい、思いっきりやることを最優先に！　何度こう言っても、ミスをするとまずは言い訳をしたり、わるいときには隠そうとする。学生から社会人になった最初の会社で、よほど、へんないびられ方をしたのではないかと勘繰りたくなるほどだ。あるいは、どう見てもサギとしか思えぬやり方で商品を売ったり、ひどい代物をムリに売らされたり。真綿に包まれて育ってきた感性が、押しつぶされる。理不尽な目にあう。こうしたことが日夜、くりかえされているのではないか。

新人のときに入った会社の洗礼から抜け出るのは思ったよりもむずかしい。この十三年間で痛感するようになった。そう思うと、自分はとことん恵まれていた。へんないびり方をする人がいなかっただけでもありがたい。まあ、中途で入社した会社ではそれなりの洗礼は浴びたけれど。

一度身につけた癖をなおすことほどむずかしいものはない。自社のメンバーを見ていると、その癖がときどき顔をだす。自分に出るだけならまだいい。一番よくないのは、入ってきた若いメンバーに、かつて自分がそうされたことをしてしまうことだ。どこまで自覚的かわからないが、まったくゼロではないように思う。

僕がメンバーからやられることだってある。

痛い目にあった記憶は根深く、結果、過剰な防御姿勢が基本姿勢となってしまう。二社目のとき僕もそうなった。過剰な防御姿勢が染みついてしまった人に何か問題点を軽く注意すると、びっくりするような口実をつくって攻撃に打って出られることがある。注意されることが人格否定されることであるかのように。僕も何度かそういう目にあったし、デザイン事務所などの代表をつとめる友人たちも、同じ経験をしている。当然、僕たちも傷つく。あたたかくやわらかなチームをつくろうとして、無防備でいたら、部下たちに思わぬ攻撃を受けてしまった……。こんなことなら、会社のルールをもっと厳格化してしまおう、ほかの多くの会社と同じようにしてしまうほうがいっそ楽だ。こう思ったことは少なからずある。

互いに傷つけあうような組織はやめよう。かといって、衝突しないことが目的化してしまい、柔軟性を失うのもいやだ。やわらかで温かなまま、適度な活力がありつづける。

こういう組織をつくりたい。自社で、まずは。

九月の初め、秋田の五城目町にある福禄寿さんを再訪した。その夜、同じ五城目町のシェアビレッジという古民家に泊まった。ここは、全国から村民をつのり、その村民たちに「年貢」を納めてもらい、運営しているユニークな施設だ。江戸時代は江戸に年貢を納めていた立場が逆転して、この村へ年貢が納められる。その構図自体が、これからの町の姿を物語っているようにも感じた。

その宿で、福禄寿さんを訪れた翌朝、薪割りをした。ご飯を釜で炊くためだ。自分たちで割った薪をくべ、火を熾《おこ》す。運営人のひとりYさんの手ほどきを受けつつ、薪を放り込んだ。最初はちいさなちいさな種火にすぎなかった火が、一本の薪に飛び火し、次の薪へ移る。団扇《うちわ》で風を送りつづけるうちに、さらに次の薪へと飛び火し、火が火を巻き込み、どんどん大きな炎になっていく。

薪と薪の絶妙なスキマに送り込まれる風をうけ、火は大きくなる。

スキマなくしてマグマは生きず。

そのとき、めらめらと燃える火を前にして実感した。

勘違い

自社の場合、早く、新メンバーを加えた状態で、マグマをつくりなおす必要があった。早急に、新メンバーを加えた熱となって、新たな塊をつくらねばいけない。そんな焦りが僕のなかにあった。

だが、その焦りが同時には、メンバーたちと共有されることはなかった。

あのとき、僕はこう望んでいたのだ。

パッと感じて！　そして、パッと行動して！　Just feel!

そうだ。まぎれもなく、僕はみんな気づくものだと思っていた。気づいて行動するものだ、と。それが当たり前だと。けれど、僕が感じる微細な変化を全員が同時に感じるなんて、土台無理なこと。小舟は小舟でも、もはや数人乗りの小舟ではない。十四人が乗船する、中型船だ。中型船に、必要な情報や動きを共有するには、パッと感じて、でいいわけがない。

変わらなければいけなかったのは、僕自身だった。人数が大きくなろうが、時代が変わろうが、僕はあいかわらず、小舟の船頭よろしく、手漕ぎのやり方をつづけていた。手漕ぎで大海に飛び出すやり方だ。「重くなりすぎた」と感じるまではよかった。だが、その重くなった中型船を動かすやり方が間違っていた。個々の反応力と熱の高まりとそれが合わさり熱い塊になる。自然とそうなることばかり求めていた。オレたちには一点突破、一冊突破しかないんだから！とつぶやいては。

だが、必要なのは、動力、つまり組織だったのだ。

まさにワット以降、キンダイの象徴とも呼ぶべき動力が必要だった。裏を返せば、それを使っていなかったことになる。要は、すさまじく前近代の手法をとっていたわけだ。事業計画をいつまでも作らなかったり、feel, feelと言ったり（そんなには言ってません）、こっちの合図に察知できないと軽くイラついたり。部署なんかつくるかい！と言い放ったり。冷静に顧みれば、どっぷり前近代だ。それを、うちのやり方、なんぞと宣うておった。この愚か者。

たしかに、十月の危機に直面した際、「動力が必要。それすなわち、チームがチームとして機能すること」とメンバーに語った。その結果、創業以来、初めてチームになった感を得た。と述べた。だが、それはあくまでも、「二拠点に小舟がふたつしっかり浮かんだ」感であり、「小舟としての一体感」にすぎなかった。チームはチームでも、組織、会社としてではなく、デザイン事務所、建築事務所、工務店、のような単位におけるまとまりだ。職人集団的まとまりといってもいい。ほんとうの動力ではなかった。

と、ここまで書いてはたと気づいた。

本書執筆のあいだ中、僕は、自社の事業がどこかきびしくなってきた、と感じていた。その原因を、キンダイの行き詰まりに求めた。ありとあらゆる会社と同様に。

そうして、行き詰まりの解を、勝手に代表して求めた。秋田や周防大島などを訪れては、発見を重ね、「前キンダイに残してきた何かをもう一度拾うことだ！」などと唱えた。だが、自社の場合、行き詰まりの原因は、まるで逆だった。キンダイのほうに踏み込むことが必要だったのだ。キンダイの枠組みのほうにいなさすぎることで、問題が増えていた。

キンダイの行き詰まり、ではなく、前キンダイの行き詰まりだった。

序で、なぜ「狂おしいほど好き」を消して働かざるをえないのか、と問うた。多くの会社では効率化の果てに起きたマグマの死、等々がそれを促していると思われる。けれど、自社の事情はすこしちがった。あまりにシステムを、組織を、近代的合理性を、効率性を軽視するがために、せっかくの「好き」を生かせない事態になっていたのだ。

なのに、僕はそれにはまったく気づくことなく、キンダイの枠組みの限界ばかりを業界の問題とかぶせて論じた。自社の行き詰まりと業界の行き詰まりをイコールと信じ、自らが先陣をきって、次の道を探ろうではないか。その意気込みだけがこの六年間を支えた。

だが。

すべて、僕の勘違いだった。行き詰まりという一点だけが共通していて、行き詰まりの方向や中身は世間と大いにちがった。

つまり、本書執筆を駆動したのは、僕の壮大なる勘違いだった。

なんてこった。ワタナベの営業事務を中世なんぞと揶揄しているばあいでなかった。己こそが前近代最大の実践者だったではないか。

そういう要素は少しはあると自覚してはいたが、あくまでも、こうとらえていた。キンダイに足場を置きつつ、ときどき前キンダイのいいとこ取り。

一方で、業界は中途半端なキンダイ化の価値にさらされ、その罠から抜け出られないでいる。キンダイの囚われ人さながらに。

現在の疲弊する書店状況が象徴的だ。キンダイ産業の勃興期か中興期あたりにできた出版社—書店間の条件のままそこを変えることなく、苦しい、うまくいかない、と言っている。要は、枠組みは変えないルールの下おこなうしんどいゲーム。プロレスみたいに見えるかもしれないが、むろんプロレスはエンターテインメントである。一緒にするのはプロレスに失礼だ。

だが。自分も同じだった。ただ枠組みがキンダイの枠組みではなく、前キンダイの枠組みだったにすぎない。

しかたがない。もう、ここまできたのだ。

勘違いついでに、自産業のみならず、次の時代の働き方、会社のあり方を見つけてやろうじゃないか。

と、気持ちをたてなおした。

どっちみち、行き詰まっているのだから。で、どっちか、に解を求めても、どっちも行きづまるわけだから。このままではいけない、のはいずれも同じだ。

前キンダイに軸足を置く自社は、マグマにばかり頼りすぎた。日々の仕事は、直感、勘、全力プレー。ザッツオール。

そうして今、腹の底から前キンダイだけではいけないと思うに至った。

なるほど!

そうか、序で自らが掲げた問いの意味がやっとわかった。

「実際は、きつくなっていたのだ。小舟かどうかだけが問題なのではなく、会社を継続することが以前よりむずかしいと感じるようになっていた」

二〇一八年の夏、こう書いた。

今から思えば、この疑問の投げかけは、かなり直感的に危機を察知しての問いだった。

というのは、表面だけを見れば、会社の状態は悪くないように見える。なんだかんだいって、売上は伸びつづけているし、人も一年にひとりのペースで増えている。ただし、会社の運営の方法はなにも変えぬままに。そのことで生じるむずかしさだったのだ。「小舟かどうかだけが問題なのではなく」と書いているが、小舟の運用法しか知らぬことが問題だった。

小舟という「枠組み」の裡《うち》に自分たちが閉じてしまっていることへの苦しみだったといえよう。

前キンダイ的熱量をたいせつにしつつ、会社としては、前近代の家族的なあり方、親方が面倒みまっせ的空気で運営してきた。それは、近代の硬直化した組織にしたくない思いと、個人を個人と思わない前近代のよくないあり方にもさらされずにいたい思い、その両方を満たすとりあえずのやり方だった。

だが、小舟でなくなった以上、これまでのあり方ではいられない。

つまりは、前近代でも、近代でもない、家族的でもない、閉じたかたちでもない、組織のあり方をめざす。

執筆途中、前キンダイへの回路をめざして今年の動きをふりかえったが、そもそも、前キンダイへの回路は自社のばあいあった。なので、めざすは、超キンダイ合宿と表現したとおり、超のほう。序であげた問いは、これへの挑戦を避けて通れないところにきていることを薄々察知してのものだったのだ。

直感的には、個を重んずる近代のいいところを踏襲しつつ、贈与経済の考えや、天然菌あふれる生命体のような組織だと思っている。ちいさな傷ができたら、さっと、組織のかたちを変形させて助け癒しあえるような。「あっちの部署の話でしょ」みたいなことにはけっしてならない、柔軟性、可塑性の高い組織。

ようし、やってやろうじゃないか。

世界初の組織づくりを！

まだ見ぬ会社のあり方へ向かって！

……。

って誰や。なにを熱くなったんだ。というツッコミは封印する。もう、どんなにリクエストされたって（一度もされてないかもしれぬが）、熱くなるのはほんとうに最後の最後だから。

一人二チーム・五組制

どん底のときに初めて社内に本格的組織を持ち込むことを決意した。縦割りになるのが嫌で、部署を設けずにきた僕が。

そのとき、思いついたのが、五チーム・五組制、ひとり二チーム所属制だった。

これまでは四チームで会社を運営してきた。

編集チーム・営業チーム・仕掛け屋チーム・経理チーム。そこにデジタルチームを加えることにした。すでに十年つづいているウェブ雑誌で、ある程度、お金がまわるようにしていきたい。そうした思いはずっとあった。それを実現するため、チームとしてとりくむことにしたわけだ。くわえて、ついに、電子書籍に踏み出すことにした。十月三十日の京都新聞のある記事を読んだ瞬間、迷いなく決めた。

その記事はこうあった。――二〇一八年度の国語に関する世論調査（文化庁発表）によれば、「読書が減っている」と答えた人は67・3％。一カ月に一冊も読まない人は47・3％。電子書籍を「よく利用する」「たまに利用する」は25・3％。二十～二十九歳では53・4％。

現実がこの通りであれば、シノゴノ言っている場合ではない。

電子より紙の本のほうがいい。はるかにいい。比べものにならない。

それはそうだ。その思いに変わりはない。が、読まれないことには始まらないではないか。

なぜなら、出版社である僕たちの役割は、「おもしろい」をつくり、届けることだ。つくって届けるところまでが、僕たちの本分である。しかも、自社の一貫した思いは、未来へ出版業を継承していくことだ。未来とはすなわち若い人たちにパスされていくことにほかならない。その若い人の四人にひとりが、電子書籍で読むのだとすれば、その回路に載せるのは当然であろう。電子から入ってきた人が、ひとりでも「紙で読みたい」と思ってくれるかもしれない。その可能性が1%でもあるのなら、その扉を開けたい。

というわけで、DETを新たにたちあげた。Digital Editing Team、略してDET。

ふふふ。

なんか笑ける。こうして英語で肩書きを表記したり、英語の頭文字でチーム名を表記するのって、ダサい。ずっとそう思ってきたし、今も思っている。だからこそ、これでいこうと思った。いっそ、肩書き、役職から意味をなくしてしまおうという気になったのだ。チーム名は記号に徹して使う。

それで、五チームの名はあえてこうした。

DET
MET
BST
SST
VAT

なんの略かはご想像にお任せする。いちおう順に、デジタル、書籍編集、書店営業、仕掛け屋・サポーター、経理、である。

案の定、みんなからは覚えられへん。自分がどこかわからへん。などの声があがった。

うむ。

さて、メンバー全員が、この五チームのうち二チームに属することになる。たとえば、これまで営業チームだったオカダモリやタブチは、営業とデジタル編集の両方に属する。二年目ノザキは編集と仕掛け屋のチーム、スガは営業と仕掛け屋チームというふうに。

これにより、タテ割りの部署制で起きやすい風通しの悪さを防ぐ。自分のチームだけの利益を優先にすることを実質、不可能にするわけだ。サッカーでいえば、フォワードに属しつつ、ディフェンダーにも属するようなものだ。仮にフォワード偏重なチームのばあい、たいてい、フォワードがディフェンダーの悪口を言う。「俺らがどれだけ点を入れても、あいつら、ザルだし。あんなに点をとられちゃ、試合にならんよ」。ディフェンダーの言い分はちがう。「お前らが戻ってディフェンスしないから、とられるんだよ」

どっちもどっち。と誰もが説く事態が、案外、会社では日夜くりかえされている。または、部署同士が競い合うこともある。サッカーでいえば、局面によって、攻めが必要なとき、全員で守らないといけないとき、いろいろあるだろう。それが当たり前だし、フォワードとディフェンダーが競争したら、チーム内で傷つけあうだけだ。これまた当たり前のことだ。

この当たり前を当たり前のようにするためには、ふだんから、双方のポジションの動きや戦略を互いに理解していなければいけない。

いやいや、そうして二股かけて働くと、専門性が失われるよ。そんなご批判もあろう。だが、その専門性とか専門力といった発想が、キンダイの行き詰まりを招いたのだ。細分化による弊害、タコツボ化。自分たちの利害しか考えないタテ割り思考。責任をとりたくない、それだけのために気づいていても「何もしない」「見て見ぬふりをする」癖。武道でもっとも忌み嫌われる、足が止まる「居着く」状態。そうして、同じ学校なのに、学部、学科ごとに利害を押しつけ合う大学。役所に行けば、たらい回し、たらい回しにされる。勝利という明確な目標があったときでさえ、政府と海軍と陸軍はそれぞれの利益を優先にし、大きな不幸をもたらした。

こうした、反省すべき過去の習慣はあらためないといけない。

その一歩がこれだ。

メインの仕事をもちつつ、所属は最低ふたつ。

スキマが生じることを予め組み込んだ組織づくりである。


地球視点に立つ、ということは、より自然状態に近くするということだろう。

あんたたち、細々言《こまごま》っているけど、一緒の会社でしょ。分けてどうするのよ。

と、肝っ玉おばさんみたいな人に言われるのに近いかもしれない。

僕というひとりの人間を見たときも、会社の経営者であるのはほんの一面。編集者であり、営業チームリーダーであり、新たにDETのリーダーにもなった。家では夫であり父であり、だらしのないおっさんであり、近所では中堅の男手のひとり。合気道の道場ではたまにくる人であり、その割に合宿参加率は高い人である。いずれにせよ、すべてひっくるめて、僕であり、どれが専門ということはない。というか、僕という身体を動かしているのは、僕の意志より僕の体内に潜む菌である可能性だって少なくないはずだ。部分の自分だけを生かすのではなく、あらゆる要素をひっくるめて、抱え込んでやっていくしかない。それが僕という人間を生かすことだ。

同じように、会社だって、いろんな要素でできている。自社でとりあえず五チームに分けたが、実際には五チームで収まるわけがない。変数は、何万、何億と、ほんとうはあるのだ。とすれば、そこで働く個人にとっても、全チームに所属して働けるほうがいい。が、それがむずかしいのであれば、せめて二チームには属して働こう。こういう案である。

しかも、チームとは別に「組」を設ける。

おいおい、チームを訳せば、組だろが。同じじゃないか。というツッコミはこの際、無視したい。すまぬ。先を急がせてくれ。比喩でなく紙幅が尽きようとしているのだ。

組の名は、会社の事業（生産部門）から採った。

ほん組（自社本）

ちいさい組（新レーベル）

しごとのわ組（編プロ仕事）

サポーター組

ミシマガ組（デジタル事業）

組には、ひとり一つの組に属する。そして、ここが鍵だが、この組から人件費が出る。一例を挙げれば、ワタナベ、ノザキは、ちいさい組である。ふたりは二つあるチームがそれぞれちがうが、組は同じ。ということは、二人の人件費は新レーベル「ちいさい」から出ることになる。新人スガのばあい、ホシノとともにしごとのわ組になった。彼は十一月から営業（BST）と仕掛け屋（SST）に所属することになっていたので、しごとのわという他社とたちあげた編集仕事には関係しない。本人は関係しないのだが、そこから彼の人件費が出る。僕、ホシノ、ノザキを中心とした編集チームが、しごとのわレーベルで結果を出せないことには、新人くんの給料が危うくなる。

はたまた、非生産部門と言われがちで、本人たちもそう思いがちな経理職メンバーもどこかの組に属す。必然的に、ふだんから生産部門のしごとに経理職の人たちの目もいくだろう。営業、編集メンバーも、経理チームのメンバーと一緒にやっている意識がより高くなるだろう。

一事が万事で、自分が直接所属するチーム以外から自分の人件費が出る人たちがいる。チーム（仕事）と組（給料）が直結していない。

すると、自分のチームだけがんばっていたらいい、とはならない。自分のチームでいい仕事をすることが、他人を支えることになる。逆に、他人がいい仕事をしてくれることで、自分の給料が出ることになる。まして、自分と気の合わない人の足を引っ張る、なんて発想に立とうものなら、まわりまわって自分の「組」のダメージになりかねない。

ちょっとした贈与経済の循環を会社にもちこんだわけだ。

もちろん、組の利益が少なかったからといって、その人たちの給料が減ることはない。ほかの組で補塡するつもりだ。たとえば、半年経って、ちいさい組が目標の半分くらいなのがわかったとする。そうしたら、ほかの組がその分をフォローする。弱っている人がいたら助けるのが世の常。そんな当たり前をフレキシブルに対応できる組織になればいいと思う。

現段階では、仕掛け屋ハセガワ、編集のホシノなど、自分のメインのチームでの仕事と「組」がひもづいている人たちもいる。これは中堅メンバーには、自分事感を高めて若手を抱えていってほしいからだ。

だが、いずれ全員、組はランダムに振り分けられるほうがいいかもしれないとも考えている。いっそ、スロットマシンとかで。

いずれにせよ、仕事は贈与、つまり、自分だけのためでなく「誰かに喜んでもらうため」という感覚で働くことができるようになる。

うん、これはいい。

と思って見渡せば、わけがわからん、といった表情を浮かべている。浮かべたどころか、声に出した者もいた。「ど、どういうことですか?」

「まあ、じょじょにわかりますよ。社会が単純でないように、仕事のあり方、会社の仕組みもあまり単純化しないほうがいい。自分の仕事はこれで、これだけのことしたので、その対価をください。こういう成果主義的な発想だと、協働が起きにくい。結果、ある個人のパフォーマンスは点としていいけれど、会社全体としては下がる。そういうことが往々《おうおう》にして起きがちです。なので、最初からうちのばあい、全員全チームと謳って、みんなで稼いで、みんなで分けましょ。とやってきました。

けど、人数が多くなり、全員でひとつのことをやるには、いくらなんでも無駄だよ、ということが起きてしまっている。河原の石を運ぶのに、全員全チーム全力で、と十四人がかかわる。せいぜい二、三人で十分なのに。こんなことを積み重ねては、会社全体の生産性をただ落とすだけ。ミーティングひとつとっても、十人以上でおこなうと、話す人がかぎられます。一時間のうち、まったく発言しない人も出る。全員参加することで、全員全チームが機能しないことになる。これは本末転倒です。全員が、闊達《かったつ》に発言する。侃々諤々《かんかんがくがく》のなかからアイデアが生まれる。こうじゃないといけない。

いまの規模で、これまでのやりかたをつづけていけば、会社がうまくまわりません。全員全チームは前提ですが、組織、チームがもっとコンパクトに機能していくこと。だからといって、硬直化しがちな組織を今さらたちあげてもしかたがない。コンパクトにすることで、ひとりひとりがよりいきいきと働ける。おもしろいにコミットできる。同時に、自分の仕事に閉じない。常に、他チームと有機的に連けいしている。それで、でてきたのが、この一人二チーム所属・五組制です。

複雑を複雑なままに。それを具現化したシステムと言えます」

・二拠点×一人二チーム（全五チーム）×五組
・場所×メインの働きどころ、もうひとつの所属場所×給料の出どころ（助け合いの構造）

たとえば、タブチくんは、「京都オフィス×営業、デジタル×ほん組」となる。四つの変数のかけ算でできているわけだ。このように、組織という面だけきりとって見ても、いろんな変数が組み合わさって、ひとりの働く人間が形成されているのがわかる。

「すぐに理解できなくても大丈夫です。当然です。ああ、これは未来のシステムだったんだ！と事後的にわかるはずです」

こう述べてにっこりと笑った。実際のところ、笑うしかなかったのだ。自分でも「まだよくはわからん」のだから。

笑顔の理由がわかったのは、一週間ほど経ってからだった。

秋田で火をおこしたときに感じたスキマの必要性が、これであることにふいに気づいたのだ。組織が硬直化したり、息苦しくなることなく、いつでも適度に風が入ってくる。スキマと弾力性のある組織。そう、マグマを生かす組織のあり方。これが自社のばあい、一人二チーム所属・五組制へとつながった。

あとは、マグマがありつづけさえすれば！

ちいさな生命体

ところで、いったいマグマとはなんなのか？

そもそも、キンダイとか前キンダイとか、近代、前近代とどうちがうの？　定義がひどくいい加減じゃないか。そんな誹《そし》りやら非難やら舌打ちやらが聞こえてきそうだ。

その通りである。で、それを自覚したうえでこう言いたい。

定義とか、したくないんです。

ある言葉を定義する。それを土台に話を進める。

これが、ただしい論の進め方とされているのは承知だ。だが、これはアスファルトの道だけがただしい、と言っている感じがしてならない。

僕たちは、いつしか、道といえば、アスファルトの道しかないと思っていやしないか。そもそも、それが敷かれていることが当然だと思いすぎていやしないか。舗装されていない道があってもいいし、一度舗装された道を剝がしてアスファルトじゃない道をつくりなおす手だってある。

アスファルトじゃない道？

そうだ、なんというか、可塑性の高い道路、呼吸のできる道路、とか。

たとえば、この本だって、「前キンダイ」と「前近代」の使い方の定義を明確にせずにきた。そしてようやく二〇〇ページ台後半くらいから、こういう違いがあるかもしれないと思い始めた。

前キンダイはマグマとなりうる何かがある。自分たちでいえば、勘とか直感とか全力とか。非論理的、アマチュア的とか、近代が切り捨ててきたものたちだ。一方で、前近代といったとき、封建制とか権威主義とか、僕が苦手な価値が支配する世界をさす。なんとなくではあるが、そんな使い分けをしたきた気がする。

気がする、と書いたのはあくまでも、自分のなかで気がするだけで、その通りであるとは思ってはいない。おそらく、そのときそのときで、使い分けが違っているだろう。そりゃそうだ。すべて、走りながら考えているのだから。そして忘れてはならないのは、走りながらしか考えられないのだ。答えがない時代に生きているのだから。そんな時代に生きて、手探りで、先が見えないまま走り、それでも何かをつかもうとして、つかみ、つかんだと思ったら手からこぼれおち、そうしたことをくりかえしながら言葉ができる。できたと思ったら、また思わぬ方向へ動きだす。

生きた言葉であろうとすれば、定義なんぞできるわけがない。

定義？　まったく窒息死しそうだ。

マグマだって、定義をせず走って使っているうちに、だんだん深まってきた。

最初は、熱量、くらいな意味でしかなかった。それが、自社にとっては、おもしろさの源泉となり、何のために仕事をするか、という原点ととらえるようになった。やがて、生命を生みだすもの、とまで広がっていった。

この数日、僕のメモには書き込みがどんどん増えている。

「マグマは数的目標にあらず。

マグマは私欲にあらず。マグマは人にあらず。カリスマがマグマであると思うのは大きな勘違い。

マグマもどきに騙されるなかれ。個人の私欲にかられた熱や、独善的熱はマグマにあらず。

マグマは個人の欲得に根ざしたものではない。その職業の根っこになるもの。政治であれば、国民に利するために身を尽くすこと。僕たちであればおもしろい本をつくり、届けること。

『何のためにその仕事をするか』、職業の原点にマグマがある。

生命エネルギーの根源的なもの。そっちが、主体。

マグマが人を動かす。生物を動かす。人間はマグマの熱に動かされるだけ。自分の力で動くのではない。

生命の中心。

マグマはコストパフォーマンスなんぞいっきに溶解する。効率性など吹き飛ばす。

狂おしいほどの熱、思い」

こうしてどんどんととらえ方が増える。揺れ動く。ぜんぜん定義できない。

それでいいのだ。でないと、マグマという言葉自体がマグマでなくなる。

それにしても、だ。

こんなにマグマ、マグマ、マグマと唱えていると、マグマ教の信者になってしまいそうだ。仕事教からマグマ教へ。

聖書、聖典と同じく、ある文言をくりかえしくりかえし口にだすうちに、やがて、その文言は絶対へと強化される。その瞬間、言葉は、動体から静体へ変わる。静体どころか、死に体へ落ちないともかぎらない。

イノベーション、お国のため、費用対効果、エビデンス、活躍社会、近代、前近代、アスファルト、コンクリート、データ主義、バズる、ＳＮＳ……マグマ、マグマ、マグマ！

ぜんぶ、ぜんぶ、捨ててしまうのだ。

ひきはがし、捨ててしまえばいい。

そうして、もう一度、やわらかな球体をやりなおすのだ。息のできる場所にしていくのだ。仕事をする、会社につとめる、ちいさな生命体の一員となる。

すでに硬直化してしまったちいさな地球なら、アスファルトを崩すことからやりなおせばいい。種火はどこかにあるものだ。どこかにあるのに、種火がないことになっていたり、どこにも飛び火しないようにコンクリートで固めている。それが問題なのだ。上司であることを示すためだけの指示。仕事のための仕事。形式だけの仕事をなくしてしまうのだ。こうしたことを平然とおこなっておいて、若い人たちの就業意欲が足りない、未来に希望をもつ若者がすくない、などと嘆くのは無責任の極致。それを、経済成長なき時代の若者たちの不幸など、と片づけるのは、愚の骨頂。自らの世代の働き方、組織のあり方をまずは問うべきだ。生きた生命体をもう一度、そのために自らの身を捧げること。それ以外に年長者の役目があろうか。

いま、目の前には山のように課題が積み上がっている。それをひとつひとつおこなう。わはは、と笑いながら、おこなう。こんなにやりがいあるときは、またとないのだから。

若い会社も老舗も、ちいさな生命体になろうとしている点では同じである。いや、なろうとしている個人、なろうとしている会社があるのと、なろうとしていない個人や会社がある。それだけのことだ。

ただ、あちこちで、できたてのちいさな生命体が生まれているのはたしかである。

生きている会社

仮結　原点の地で

思えば遠くへ来たものだ。

事実、場所として遠いところへきた。天草。京都、東京はおろか、九州の中心地からもずいぶん離れている。熊本県に含まれるこの島が、天草五橋で本州とつながったのは一九六六年。約五十年前までは、本州から連絡船で行くしかない離島だった。今回、僕は、天草のとある書店でのイベントに呼ばれてきた。熊本空港か福岡の博多空港から天草エアラインが飛んでいる。たいへんかわいい機体で、搭乗すると、とてもアットホームな乗務員たちが案内してくれる。これに乗るのも天草に行く楽しみのひとつだが、残念なことにこの日は運行しておらず、熊本空港からレンタカーを借りて向かった。

しかし、その天草のことはいったんおく。

本書をよみかえしてみて我ながら唖然としたのだ。組織づくりの話なんぞしているではないか。ずいぶん遠くへきた、と思わずにはいられない。

＊

この五年間、ひたすらもがいた。何に、かといえば、本書執筆に、である。もがきつづけの五年間だった。

そのもがきを振りはらうかのように、日々の仕事では、「実験の時代」と位置づけ、さまざまなとりくみをおこなった。

一冊読み切る感覚をもう一度、と謳い一〇〇ページ前後の本をつくる。書店のマージンを増やそう。買切りで卸そう。最初から最後まで読み切りたくなる雑誌をつくろう。少部数レーベルをたちあげよう……。もう少しさかのぼれば、東京一極集中に風穴をあけようと京都府城陽市にも拠点（数年後、京都市内へ移転）。サポーター制度の開始。紙でしかできない本づくりとその展開を仕掛け屋とともに模索。ものの売り買いの原点は手売り、それならばと、大型書店のなかの一角で自ら「手売り」したり。そもそも、以前より出版社でありながら、本屋を細々営んだりもしている。

こうした動きは、出版不況の突破口とならんがためのアイデアと行動だった。そのつもりだ。言い換えれば、誰に頼まれたわけでもないのに「出版界のカナリア」あるいは「火星（出版の次の地）探査隊」を買って出た感じがする。むろん、この業界でずっと仕事をしていこうと思うかぎり、突破口、次の地は、誰より自分たちこそが切実に求めるものだった。

「え〜、こっちの道は行けそうですよ」

「おや、なんだかいやな臭いがしますね。ひきかえしましょう」

そんなこんなをくりかえしているうちに、周防大島や秋田や各地で、自分たちと産業は違えど、次の時代を予感させる動きをしている人たちに出会った。近代の効率主義、売上至上主義と一線を画し、土地そのものの良さ、地元にねざした感覚、霊性や宗教性やらを生かしつつ、現代科学の技術や知見や現代の感覚をとりこむ。そういうやり方だ。それを、前キンダイの知恵を取り戻し現代に生かす、と表現した。

近代以前と断絶したまま仕事をするのは、アスファルトのうえに花を咲かせようとするようなもの。知らず知らずのうちに、時代の変化にキャッチアップすることそれ自体が目的となってしまい、目先を変えては消費行動をうながすのに終始する。誰かの役に立っている感もなく、ただ売上をつくるために。作り手はいうまでもなく、そんな「商品」のシャワーを浴びせられつづける受け手のほうも病みますよ、そりゃ。なんのための仕事か（これをマグマと呼んだ）が置いてけぼり。不安が永遠の友達となる。

そういう気づきを、新レーベルをはじめ、これまでおこなってきたこと（前キンダイ）と新システムの開発（最先端）というかたちで具現化する。今はその渦中にある。

実際、この出版営業システムは、小舟出版を足元で支える大きな土台になりうると思っている。ちいさな出版社たちにとっては、自社の本の受注が大いに増えるだけでなく管理も簡単、さらに膨大な事務作業が激減。書店側も、受発注にともなう事務作業などが大幅に軽減されるだろう。ともに労働時間が格段に減り、出版社は本づくりに、書店は選書に、と本来のしごとにもっともっと時間を充てられるにちがいない。

効率化と合理化は、絶対にそれらをもちこませてはならない領域のしごとを死守するためにこそ、実行が求められる。僕たちでいえば、生命線である本づくりの現場にだけはもちこませたくない。だからこそ、それ以外の効率化を急ぐ。

もがいた先に、希求しつづけた次の時代の突破口の端緒が見えてきている。

ふ〜。

ようやく、ここまできたか。あとは、しっかりと実現に集中するのみ。

こう、ひと息吐いて、すこしは落ち着くはずだった。が、落ち着くどころか、組織づくりに乗り出した。編集の仕事、執筆、そして会社の運営だけでも汲々としているのに、システム開発だけでなく、組織づくりまでそこにくわわった。

まったくわが身はパンク寸前だ。しかも、よりによって組織づくりだ。もっとも苦手な分野ではないか。

決算書もろくに読めず、事業計画の立て方もしらず、「マネジメント」と聞くだに寒気がする。そんな自分が、組織づくり。それも、これまでの前近代、近代の双方の限界をのりこえるかたちをめざして。

「ものすごく考えました」

とは、寄藤文平さんの言である。本書の装丁を依頼する際、その時点で書き上げていた七章までの原稿を渡した。すると、書きあがったばかりの「一人二チーム、五チーム・五組制」にえらく興味をもった様子だった。

「(原稿をもらった日以来)すごく考えたんです。五チーム・五組制か、と」

そう語り、考えた痕跡を「こういうことかな」と図化して見せてくれた。

「けど、やっぱりわかりません」。文平さんは、そう語って笑った。

「何かある、のはすごく感じました。きっと、こっちなんだろうな、と思いました。けど、このままじゃない気がします。ほら、ミシマさんはいつもそうじゃない？　城陽のときもそうだったでしょ。どー、といったん走る。そしてしばらくして、ちょっと戻ってくる。向かう方向はまちがってないけど、このまま、ではないでしょ」

聴いて、なるほどと思った。たしかに、直観にしたがい、まずは走る。自分なりの確信をもって。だが、そのふりきった先に必ずしも欲していたものがあるわけではない。

とすれば、本書には注が必要ではないか、と思った。

「注：本書の真似はけっしてしないでください」

まあ、こう思った直後に、誰も真似なんかしないわな、と思い直した。自分でも、酔狂に見えるだろうとすこしは自覚しているのだ。もちろん、本人はいたって真面目であるけれど。

もうひとつ、文平さんの言葉を聴いて考えたことがある。

「ミシマさんが大きくふりきって走ったとき、大きくは、そっちに何かある。それは間違いないと思います」

こう言ってくださり、とても励みになった。励みになったと同時に、そうか、と気づいた。

雷に打たれたように、突然、どこかに向かって走りだす。

出版社をつくろうと思ったことに始まり、先に挙げたこの五年間のさまざまなとりくみも、ある意味、衝動である。

出版の次の地を見つけんがため。という動機ないし原動力が常に、その背後にはあった。今回、組織づくりに手をつけだしたのも、きっと、そこを避けて通れないと直観したからではないか。当初、前近代と近代を超える組織づくりが社会全体で求められている、そう感じておこなった。と自分では納得した。だが、その漠然とした目標は、きっとこういうことだったのだ。

出版不況とはつまるところ組織不況にほかならない。

文平さんの言葉を受け、今さら気がついた。

組織のあり方が一新されないかぎり、出版の次の道は見えてこない。出版不狂が一掃されることもない。


何度も述べたとおり、書店はどんどん元気を失っている。人口減少期に入り、大量生産大量消費の時代が終わった現在も、書店は薄利多売が大前提の商売形態である。条件面など見直さないといけないことだらけ。それらが、手付かずのまま問題だけが山積している。

だが、驚くほどに、何も変わらない。

返品率の高さ、新刊点数の多さ、書店と出版社の不平等な条件……こうしたことを改善しないまま、売上が下がり、人減らしが起き、書店がつぶれ、現場の閉塞感は増すばかり。

この事実を、出版社の人間と書店の人間、いずれに語ろうが、一様に「そのとおりだ」と言う。「なんとかしないと」「手遅れになる前に……」「もう、手遅れ寸前ですよね」と口をそろえる。

個人同士で話せば、問題点は共有できている。話は通じる。

しかし。

組織になったとたん、個人の意見がまるでなかったかのようになり、機能停止に陥ってしまう。

個人の問題意識が、個人に閉じられたまま、現場に反映されない。組織としての動きにまで高まっていかない。そうして、現場が居着き、トップの判断を待つだけの組織になり果てている。

かくして、未来が漫然と奪われていく。

いや、みんながんばってはいるのだ。書き手も書店員もデザイナーも校正者も編集者も書店営業も事務職の人たちも、出版にかかわるあらゆる人たち皆、おそろしいくらいよく働いている。だが、そこにこそ落とし穴がある。と思わずにはいられない。

業績が傾けば傾くほど目の前のしごとにあくせくする。切羽詰まる。そうして、本来、手をつけなければいけない未来への一歩を先延ばし先延ばしにする。せざるをえなくなる。目の前の多忙に、未来を思考する力と実行する力を殺がれてしまい……。

気候危機への対策が、国や企業レベルで大きくとりくめないことと同じだろう。それは、学校教育から始まっているのかもしれない。生徒も先生も、忙しくなりすぎて、目の前をこなすことだけに精一杯。これからほんとうに必要な学問とは何か。この問いをせず、未来を救うような視座と方法を得られぬまま、とりあえず点数稼ぎの教育を必死にこなす。

企業であれ、国であれ、教育機関であれ、出版界であれ、似たり寄ったりだ。「一刻もはやい変化が必要です」。口でどれだけ批判しようとも、何も変わりやしない。それは、この二十年で痛いほど知った。

気候危機への対応同様、個人でのとりくみ（プラスチックやビニール袋の使用を控える、など）は欠かせない。けれど、それだけでは全然追いつかないところまで、追い込まれている。企業、国のとりくみが絶対的に欠かせない。その両方をどう実現させていくか。

この課題に対し、自分たちができることといえば、まずは自分たちの足元、自分の所属する業界から変えていくことではないか。

日本中、「変わらない」構造が同じであるならば、逆もまた真。足元が少しでも変わっていけば、もっと大きな規模であっても変わりうる。そのなによりの証拠となろう。

そのためには、組織のあり方そのものを変えるしかない。

グレーからカラフルな組織へ。

仕事のための仕事から解放され、ひとつ仕事をするために元気がわく。覇気が出る。喜びが生じる。おもしろいこと、大切な意見が当然のように採用される。

そうした組織になりさえすれば、遅々として変わらない現在の問題が嘘みたいにいっきに流れ出す。あちらこちらで、そんなカラフルな組織が林立してほしい。

小舟が増えること（個人としての動き）と、組織のあり方がまったく違うものになること（業界の動き）の両方、どちらが欠けても、もうもたないのだ。そのぎりぎりの岐路に今がある。

組織に属しているかを問わず、目の前のしごとをいいものにすること、それに加えて、自らの足元である自産業がカラフルなものになっていくためにほんの少しであれ、わが身を投じること。ひとりの個人としては、こうするほかない、と思っている。

以上が出版界のカナリアあるいは探査機からの報告である。

＊

本書執筆の終盤の昨年（二〇一九）十一月初旬、二年ぶりに天草を訪れた。

最初の訪島は、五年前。天草在住の熱烈サポーターNさんが地元の集まりで周りを説得し、僕たちを呼んでくれたことに端を発する。以来、年に一度、訪問している。昨年は、僕がタンカー事故直後の周防大島に行ったため、代わりにワタナベとイケハタが訪れた。そのとき、「どんどん本屋がなくなる天草に本屋をつくりたいけど、どうすればいいの？」会議を町の人たちとワタナベたちとで開いた。いろんなアイデアが出て、大いに盛り上がったという。

それから半年後。

Nさんは、ほんとうに本屋さんをつくってしまった。

「本屋と活版印刷所」

天草・本渡《ほんど》にある、シャッターがめだちがちな商店街の空き店舗をひとつ借りて、知人の活版印刷所の方とともにたちあげたという。

念のため補足すると、Nさん（女性）は出版界の人ではない。本屋の経験は皆無である。年齢は世間で言うリタイア世代だろうか。

その人が思い余って、本屋がない場所に（今や島全体で三店ほど）本屋をつくった。

店に到着したのは少し薄暗くなった夕方過ぎだった。電灯の灯る商店街の一角で、長年そこに当然あるかのような落ち着きが店外に漏れ出ていた。開店半年とは思えない。すっかり町に溶け込んでいる様子だ。

十二坪ほどの店内の半分が本屋さん、半分が印刷所だ。本屋さんスペースには、自社本を中心にぽつぽつと並べられている。けっして本がずらりと並んでいるわけではない。正直にいえば、すこしさびしいくらいの冊数だ。

この日の夜、僕を呼んでくれてNさんとトークをするイベントが開催された。いろんな話でもりあがったが、それらはその日のお客さんとだけの思い出とする。ただ、ふたつだけやりとりを載せておきたい。

ひとつ目は、置いている本の少なさについて。

「これから本を増やしていくのですか？」

当然、その予定だ、と答えるものと思っていた。ところがNさんは、きっぱりと言った。

「いえいえ、増やしたいとは思いません。自分がお客さんにほんとうにおすすめできる本だけを置きたいんです」

「ああ」と思わず僕は声にならぬ音を出した。

「置いてある本すべてを読んで、ＰＯＰを書きたいんです。いま、その時間がないのがつらいです」。こう語ったNさんは、眼鏡の向こうの目を大きくして言った。「本屋ってほんとうにやることが多いですね！」

もうひとつは、お客さんに向けて尋ねた。

「ここに本屋さんができてどうですか？」

みなさん、うん、うん、とうなずく様子を見せる。「どなたか？」と僕がひとりの女性を促した。すると、その女性は、感極まったかのように目をおさえ、「うれしいです」と絞り出すように声を出した。そして言葉をつづけた。「ここに店がないなんて、もう考えられないです」。

千四、五百年前、奈良や越前より先に大陸からこの地方に紙漉きの技術が伝わったと言われている。また、一五九一年にグーテンベルク印刷機がもたらされた地でもある。その場所に、約四百年のときを経て、ちいさな本の空間が生まれた。今のところ、品揃えや立派な棚や技術などがあるわけではない。ただ愛だけがある。愛だけはある。

組織はおろか、小舟と言えるかもわからないちいさな場。そうした生命がこの瞬間にも生まれている。たしかに、誕生している。それだけはけっしてちいさくはない希望である。救いである、とさえ思えてならない。

本書に登場する本たち

木村俊介『インタビュー』、ミシマ社、2017

マンフレド・シュピッツァー、小林 敏明(訳)『デジタル・デメンチア』、講談社、2014

夏目漱石『三四郎』、新潮文庫、1948

「ちゃぶ台」Vol.1〜5、ミシマ社、2015〜2019

アランナ・コリン、矢野真千子(訳)
『あなたの体は9割が細菌』、河出書房新社、2016

小倉ヒラク『発酵文化人類学』、木楽舎、2017

増﨑英明・最相葉月『胎児のはなし』、ミシマ社、2019

森田真生『数学の贈り物』、ミシマ社、2019

シリーズ「コーヒーと一冊」、ミシマ社、2015〜2017

益田ミリ『今日の人生』、ミシマ社、2017

グラフィック社編集部『ブックデザイナー・名久井直子が訪ねる
紙ものづくりの現場から』、グラフィック社、2015

内沼晋太郎『これからの本屋読本』NHK出版、2018

谷川俊太郎『あたしとあなた』、ナナロク社、2015

内田樹『街場の中国論』、ミシマ社、2007

オクノ修(詩)、nakaban(絵)
『ランベルマイユコーヒー店』、ちいさいミシマ社、2019

松村圭一郎『うしろめたさの人類学』、ミシマ社、2017

仲野徹『仲野教授のそろそろ大阪の話をしよう』、ちいさいミシマ社、2019

クリープハイプ(聞き手・木村俊介)『バンド』、ミシマ社、2019

斎藤幸平(編)『未来への大分岐』、集英社新書、2019

参考文献

渡邉格『田舎のパン屋が見つけた「腐る経済」』、講談社、2013

寄藤文平『絵と言葉の一研究』、美術出版社、2012

中島岳志『岩波茂雄』、岩波書店、2013

『デザインのひきだし』(26、29)、グラフィック社、2015、2016

ニコラス・A・バスベインズ、市中芳江・御舩由美子・尾形正弘(訳)
『紙 二千年の歴史』、原書房、2016

辻山良雄『本屋、はじめました』、苦楽堂、2017

大井実『ローカルブックストアである』、晶文社、2017

「HAB/本と流通」エイチアンドエスカンパニー、2016

柳田国男『先祖の話』、角川ソフィア文庫、2013

堀部篤史『90年代のこと』、夏葉社、2018

伊丹十三『ヨーロッパ退屈日記』、新潮文庫、2005

井狩春男『返品のない月曜日』、ちくま文庫、1989

甲斐かおり『ほどよい量をつくる』、インプレス、2019

田邊園子『伝説の編集者 坂本一亀とその時代』、河出文庫、2018

フェルナンド・バエス、八重樫克彦・八重樫由貴子(訳)
『書物の破壊の世界史』、紀伊國屋書店、2019

内田洋子『モンテレッジォ 小さな村の旅する本屋の物語』、方丈社、2018

渡邉義浩『はじめての三国志』、ちくまプリマー新書、2019

中島岳志・若松英輔『現代の超克 本当の「読む」を取り戻す』、ミシマ社、2014

西岡常一・小川三夫・塩野米松『木のいのち木のこころ〈天・地・人〉』、新潮文庫、2005

藤原辰史『分解の哲学』、青土社、2019

『出版年鑑2018』、出版ニュース社、2018

越前和紙(福井県和紙工業協同組合)ホームページ　http://www.washi.jp

木村元彦『13坪の本屋の奇跡』、ころから株式会社、2019

仕事関係者、同僚、サポーター……あまりに多くの方々に支えられ、影響を受けて、本書は執筆されました。お名前を挙げるだけで一冊の本になりそうです。ここでは代表してお二方のみに感謝の意を表することをお許しください。本書執筆中、イタリアやパリで内田樹先生と合気道の講習会をご一緒しました。また普段から凱風館内外で多くのことを教わっております。旅先でちょこっと交わした会話や、道場での教えが自分の身体の一部になっているのを感じております。森田真生さんとは数学ブックトークをはじめ各地でのトークイベント（天草や周防大島やパリも！）をともにするなかで、彼の言葉や思考のシャワーを浴びつづけてきました。お二方の考えやアイデアが知らず知らず自分の血肉となり本書の行間ににじみ出ているはずです。いつも本当にありがとうございます。

ほんのすこしでも本書に惹かれるものを感じてもらえたとすれば、それは編集者の町田真穂さん、ブックデザイナーの寄藤文平さんのおかげです。拙いテキストにすぎなかった原稿に、町田さんが生命を吹き込み、寄藤さんが魔法をかけてくれました。心から感謝いたします。

二〇二〇年　二月六日

三島邦弘

本書は、書き下ろしです。ただし、以下は初出記事を大幅に加筆・修正したものです。
・第五章「ワタナベ城を落とすのじゃ！」〜「超キンダイ合宿」：「みんなのミシマガジン」連載「ミシマ社の話」（2019・1~2019・8）
・第七章「既視感」「次元のちがう声」：sumufumulab連載「家が職場、職場が家」（第27回　あたらしい「声のあげ方」）

三島邦弘　みしま・くにひろ

1975年、京都府生まれ。京都大学文学部卒業。
出版社2社で単行本の編集を経験したのち、
2006年11月に単身、株式会社ミシマ社を設立。
「原点回帰の出版社」を標榜し、
ジャンルを問わず一冊入魂の本を刊行している。
著書に『計画と無計画のあいだ』(河出書房新社)、
『失われた感覚を求めて』(朝日新聞出版)がある。

パルプ・ノンフィクション
出版社つぶれるかもしれない日記

2020年3月20日　初版印刷
2020年3月30日　初版発行

著　　者　三島邦弘

発 行 者　小野寺優
発 行 所　株式会社河出書房新社
〒151-0051
東京都渋谷区千駄ヶ谷2-32-2
電話　03-3404-1201(営業)
03-3404-8611(編集)
http://www.kawade.co.jp/

装　　丁　寄藤文平＋古屋郁美(文平銀座)
組　　版　株式会社キャップス
印刷・製本　三松堂株式会社

Printed in Japan　ISBN978-4-309-02868-2

好評既刊

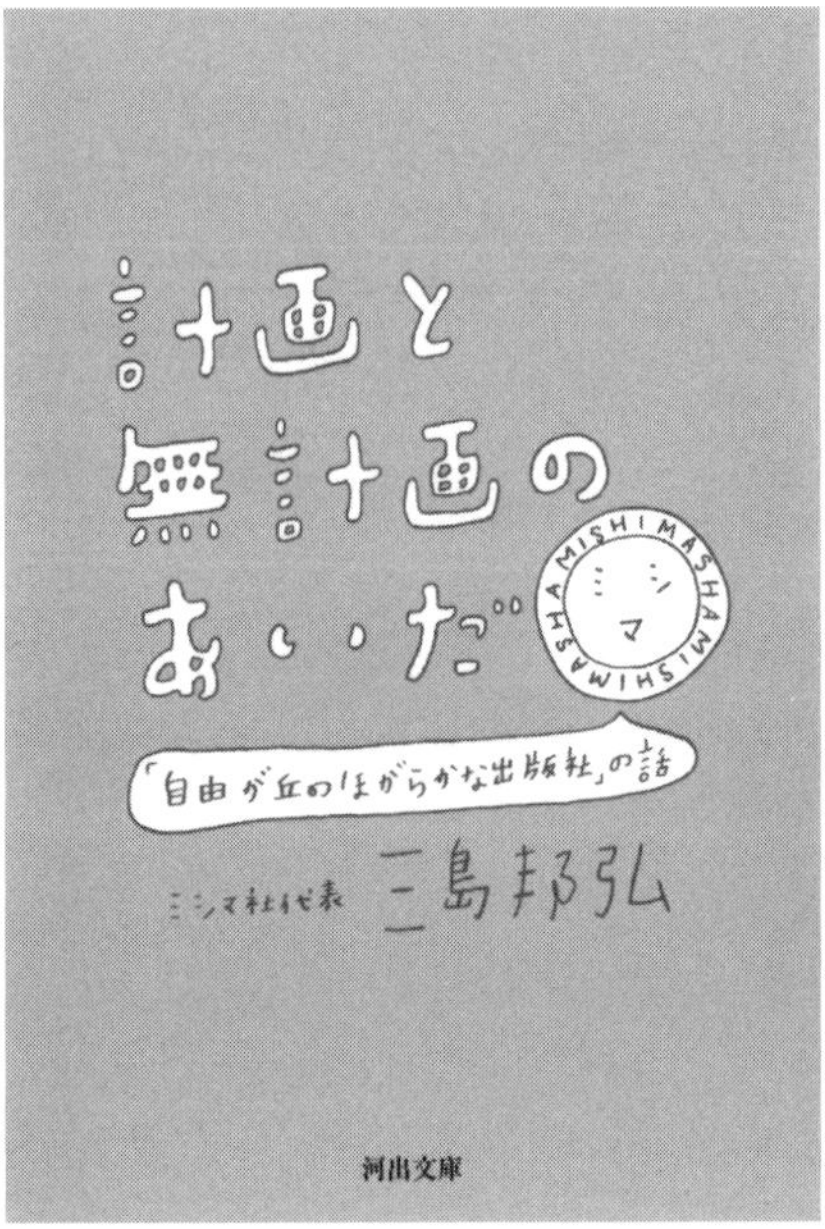

計画と無計画のあいだ

「自由が丘のほがらかな出版社」の話

「まっすぐ」な活動を愚直につづける、
原点回帰の出版社・ミシマ社。
たった一人の起業から、
愉快な「無法者たち」が集まってくる過程、
五年目の「発見」までをつづった愉快・痛快・爽快エッセイ。

ISBN 978-4-309-41307-5